BREA

—REVOLUTION OF DIGIT
ARTIFICIAL

打破博物馆的围墙

——数字媒体与人工智能的变革

BREAKING WALLS OF MUSEUMS
—REVOLUTION OF DIGITAL MEDIA AND ARTIFICIAL INTELLIGENCE

陈　娜◎著

 经济管理出版社
ECONOMY & MANAGEMENT PUBLISHING HOUSE

图书在版编目（CIP）数据

打破博物馆的围墙：数字媒体与人工智能的变革 / 陈娜著 . —北京：经济管理出版社，2021.9

ISBN 978-7-5096-8240-1

Ⅰ . ①打… Ⅱ . ①陈… Ⅲ . ①数字技术—应用—博物馆—研究 Ⅳ . ① G26-39

中国版本图书馆 CIP 数据核字（2021）第 190328 号

组稿编辑：赵亚荣

责任编辑：赵亚荣

责任印制：张馨予

责任校对：王淑卿

出版发行：经济管理出版社

（北京市海淀区北蜂窝 8 号中雅大厦 A 座 11 层　100038）

网　　址：www.E-mp.com.cn

电　　话：（010）51915602

印　　刷：北京晨旭印刷厂

经　　销：新华书店

开　　本：710mm×1000mm /16

印　　张：10.5

字　　数：120 千字

版　　次：2022 年 4 月第 1 版　2022 年 4 月第 1 次印刷

书　　号：ISBN 978-7-5096-8240-1

定　　价：69.80 元

序 言

　　以服务于社会发展为根本目的的博物馆与人类有着深厚的渊源。乔治·布朗·古德说:"任何一个国家、城市或是省份的文明程度都在其公共博物馆的特点及其维护的投入程度中得到了体现。"博物馆通过特定手段,让更多的人了解、认识当下的社会,窥探尘封的历史,总览人类取得的一切成就,通过有声或无声的语言提醒我们去认知人类与地球乃至宇宙的关系,为我们展示文明进步下自然环境的变迁。更进一步来说,博物馆一直在努力缓和当今世界文化冲突、社会失衡及生态破坏等社会现实问题。

　　历史组成人类的记忆,而与历史学具有相似功能和性质的博物馆则是以人类记忆收录保存者的身份与图书馆、档案馆共同构成了人类迄今为止全部社会与文化信息的"保险箱"和"展览柜"。每一座博物馆的布展设置和藏品都反映出其代表文化的不同,假设我们把所有级别、类型不一的博物馆拼接在一起,或许可以看到它们共同搭建了一个庞大的、从各个角度记载历史绵延和现代生活体系的框架,忠实地记录着历史,保护着文化的多样性和传承接续。人类的进步依托于过去取得的成果,博物馆在承担保存传统价值、传承历史文化责任的同时，也为社会公众提供了审视传统、反思当下和启迪未来的一个平台。

过去几年中，中国是全球新增博物馆最多的国家，2017年，全国入博物馆参观人数增量在1亿人次左右。2018年底，参观人数达到10.08亿人次。2019年是博物馆行业快速成长的一年，博物馆突破自身发展瓶颈，迎来新的发展机遇，在以数字化、网络化为技术特征的信息时代，文博产业随着一部《我在故宫修文物》火出了圈，随之而来的《国家宝藏》《上新了·故宫》更是引发了一波此起彼伏的"博物热潮"。以故宫博物院、国家博物馆等为首的博物馆致力于积极探索新媒体传播方式以及互联网技术在文物保护、展览开设、参观导览中的应用，将现实突破空间限制的文博设展，转变传统展览为大众喜闻乐见、文化内涵丰富且适合新媒介传播的网上数字展览馆，并且着力推行博物馆机器人导览、人工智能语音交互导览、虚拟AR技术等为旅游参观者带来更加真实、更有交互感的文博展馆体验。这些数字媒体技术和人工智能技术的推广及应用不仅对推广博物馆普及受众、继承弘扬中华优秀传统文化、提升文化软实力具有现实意义，而且对博物馆内馆藏文物的保护与传承以及价值创新有积极的作用。

保护遗产是为了当下的进步、文明的延续和价值的递进。人类社会进步有赖于从过去的和永恒不灭的知识中，尤其是从传统的文化遗产里体现出来的真理中汲取营养。博物馆作为联结过去、现在和未来，透视社会文明发展的窗口，逐渐以新的展览方式、创意产品和品牌形象面向公众。与此同时，数字媒体的发展给博物馆行业带来了全新的变革，数字媒体在品牌塑造方面的优势越来越明显，不断迭代的媒体形式给博物馆事业带来了新的挑战。如何在数字媒体环境中塑造博物馆品牌，重新认识和定位博物馆品牌，开展宣传和推广工作，成为当下博物馆工作面临的新课题。

如果博物馆想要在变化的时代保持吸引力，那么采用人工智能技术是该领域最大的趋势之一。目前，由于文物数据量与日常生活产生的数据量相去甚远，而博物馆自身数据也受到开发程度和保密等因素的影响，致使文物大数据库很难建设。以人工智能赋能博物馆，不仅能推动历史文物传统呈现方式的变革，同时也是为了进一步保护文物档案原始数据。智慧博物馆是超越传统博物馆和数字博物馆的"博物馆 3.0"版本。通过引入人工智能、物联网、大数据、云计算等，智慧博物馆将颠覆传统的展览体验，让参观者与展览、文物、知识之间发生奇妙的"化学反应"。有专家指出，人工智能将在三大领域带来变化：一是数字化管理，即对博物馆藏品、观众等信息实现精细化管理；二是数字化服务，即通过互联网向观众提供全方位的服务；三是数字化体验，即让观众以前所未有的方式参观展览、感受文物、获取知识。博物馆承载着人类的历史、文化、艺术等记忆，科技能让人更真切地感受博物馆之美。

数字媒体＋人工智能，围墙打破，博物馆智慧之路将由此开启。

目 录

第一章

数字媒体与人工智能

技术日新月异，人类生活方式正在快速转变，这一切给人类历史带来了一系列不可思议的奇点。

——约翰·冯·诺依曼 (John von Neumann)

第一节　数字媒体改变博物馆

数字媒体技术是信息与通信工程专业术语，属于工学学科门类，是指以二进制数的形式记录、处理、传播、获取过程的信息载体。这些载体包括数字化的文字、图形、图像、声音、视频影像和动画等感觉媒体，和表示这些感觉媒体的表示媒体（编码）等，通称为逻辑媒体，以及存储、传输、显示逻辑媒体的实物媒体。数字媒体技术广泛应用于通信与信息系统、信号与信息处理、电子与通信工程等信息技术领域。

互联网与虚拟技术的发展，已逐渐成为人们的一种生活方式。数字媒体技术可以超越时间和地点的限制，实现信息的实时传递，并构筑一个虚拟的、具有现场感的博物馆空间。利用数字媒体技术可以收集、展示和传播馆藏资源，实现交互式展览。

目前，博物馆展示中常见的数字媒体形式有显示屏、触控屏、投影系统、影院系统、虚拟现实、增强现实、数字导览、数字化中控（表演）系统等。相对于传统媒体，数字媒体能更为生动直观地阐释展示内容，更加形象地传播展示信息，更大范围增强展示的表现力度。在突破传统手段的实物加文字、图片说明等做法的基础上，更为强调展示的生动性、参与性、交互性和趣味性，提供多感官的信息传播和交流，激发参观者主动探索行为，丰富参观体验，为博物馆展览注入活力的同时还有助于展览的远程传播（见图1-1）。

图1-1　济南大明湖景区宣传动画3D版《老残游记》

资料来源：笔者拍摄。其余图片如无特别说明，均为笔者拍摄。

除此之外，电子显示屏的大面积、多手段应用增强了博物馆内的文化氛围，展览入口处滚动播放的宣传片或休息区可以选择播放素材的电子屏都为加强传统文化与现代时尚融合、增加与观众的互动交流、活化博物馆的个性形象做出了潜移默化的贡献（见图1-2）。

人类使用语言和其他带有动态的媒体时，呈现的信息是按顺序的，文本和图形等静态的视觉媒体则是同时呈现的。在传统的静止界面中，交互者需要从一系列信息中选择通信成分，或是寻

图1-2 红砖美术馆电子屏幕

找隐含的界面通信成分，用可再认的方式交互。与传统展览相比，引入了视频和音频之后，最重要的变化就是参观者目之所及不再是一个个静态界面和文字，而是一个与时间有关的动态媒体界面。在多媒体技术发展背景下，媒介的丰富使观者的交互行为也得到了增强，以往版面式的展出内容如今在机器上轻轻一点即可查看。

适当地利用多媒体技术作为交互手段可以激发观者好奇心，同时达到传递信息的目的。但是若认为交互设计不过是用多媒体技术设备代替传统媒介，则在实际应用中往往会适得其反。例如有些博物馆中的"电子虚拟翻书"展台，观者开始会被新奇的交互方式所吸引，但在展示阅读量较大的信息时，小小的虚拟书展台可能会导致观者聚集，滞缓信息的传播（见图1-3）。

图1-3　法院博物馆中的数字显示屏

数字媒体具有人机双向即时信息流通的特点，即信息在信息发布者和接收者之间的双向流动，数字媒体系统不仅向接收者呈现出各种表达传播内容的多媒体信息形式，而且也能够接收到即时反馈的信息，同时对反馈信息进行分析和处理，确定下一步向接收者呈现的内容和形式。数字媒体的信息传播打破了传统单向的传播方式，受众不再处于传统媒体时代的被动地位，传播者和受众之间能进行实时的沟通与交流。通过互联网，人人都可以发表自己的言论，任何人都有机会加入到全球化的传播系统中，与他人进行对话与交流。数字媒体的受众甚至可以根据自己的个人爱好、生活习惯、需要的信息内容等订购信息，要求享受个性化的服务。

以计算机、互联网为代表的数字媒体具有虚拟性，是艺术的载体，它源于现实，又不同于现实，是真实世界的艺术化再现，其在自身品质和表现形态上与艺术有着千丝万缕的联系。其具有设计方法、视觉艺术、媒体文化、计算机技术等多重结合的属性，依靠视觉艺术规律、艺术思维和艺术表现等手法，创造交互性、集成性、沉浸性的数字媒体世界。数字媒体的出现颠覆了传统艺术的传播形式，消解了原本与摹本的界限，使互联网成为艺术传播、展览的主要场所，唤起了互联网时代"人人都能成为艺术家"的热情，推动大众时尚对人们艺术理念的改变。个性化创作、模糊性意义、碎片化影像、互动性情节、沉浸感试听体验、不确定规则、不限定观众……数字媒体多感官体验的营造，使文物的形式组合具有视觉美感，内容组合上更富有故事性和趣味性，满足参观者对个性化、娱乐化、新奇化等方面的需求；同时，将观众的参与和行为融入互动场景中，使观众本身成为整个互动体验中不可或缺的一部分，从而引发观众的思考，共同诠释品牌核心价值，带来良好的参观体验，并为扩大博物馆的品牌影响力提供助力。

数字媒体借助技术的力量使互联网成为观众创造和交流信息的理想空间，在近年来的博物馆展示中，数字媒体技术扮演了相当重要的角色，数字语音导览、交互式信息系统、数字视听、虚拟现实等技术帮助博物馆的功能从传统整理和展示藏品，转变为休闲、娱乐、体验甚至其他服务功能的全方位拓展。同时，基于 HTML5 开发手机应用展示平台，结合二维码扫描、智能定位、无线射频识别等技术，可以让观众快速便捷地获得博物馆的信息。通过移动端应用可以链接博物馆的微博、微信、淘宝电商等地址，给观众提供更加丰富的展示展览内容和博物馆的品牌信息。移动应用、双微平台、连接线上和线下互动的社会化媒体——新时代博物馆参观行为从实体展览到线上互动融合转变。据统计，近年新建的博物馆陈列（科技博物馆除外）中，数字媒体展项的实际投入大约占到展示总投入的 25%。数字媒体主要技术在博物馆中被应用于以下几个方面：

三维影像技术，是一种在三维空间中投射三维立体影像（影像为物理上的立体而非单纯视觉上的立体）的次世代显示技术，集声音、图像、文字、三维、视频为一体，被用于建立虚拟博物馆，实现多媒体藏品管理发布平台（见图1-4）。

图1-4　济南大明湖景区三维数字动画墙《荷塘月色》

虚拟现实 (VR) 技术，又称灵境技术，是20世纪发展起来的一项全新的实用技术。虚拟现实技术集计算机、电子信息、仿真技术于一体，其基本实现方式是计算机模拟虚拟环境从而给人以环境沉浸感。虚拟现实系统的主要功能是把整个博物馆、遗迹、文物三维成像，方便参观者360°观看虚拟文物实景（见图1-5）。

图1-5 虚拟现实技术示意图

资料来源：百度百科，https：//baike.baidu.com/item/%E8%99%9A%E6%8B%9F%
E7%8E%B0%E5%AE%9E/207123。

照片缝合系统，可以利用数码成像技术按顺序拍摄一系列照片，系统无缝缝合巨幅画面。如敦煌已采用数码成像技术，再现洞窟中的壁画（见图1-6）。

图1-6 敦煌壁画再现

资料来源：甘肃新闻网，http：//www.gs.chinanews.com.cn。

3D自动成像系统，能够将文物拍摄并合成出360度动画效果，让体验者可以全方位无死角地观看古董文物。这是利用三维扫描仪获取目标物表面各点的三维空间坐标以及颜色信息，并由获取的测量数据构造出目标物三维模型的一种全自动测量技术。这是目前博物馆应用较多的三维数据获取方式，其优点是准确性高，易于操作，并能达到较为理想的文物三维数据记录效果。因博物馆文物类别不同，体量大小不一，没有任何一台三维扫描仪设备能解决所有类别文物的数据采集问题，同一文物可能需要不同的扫描仪设备完成整体及细节部分的数据采集工作（见图1-7）。

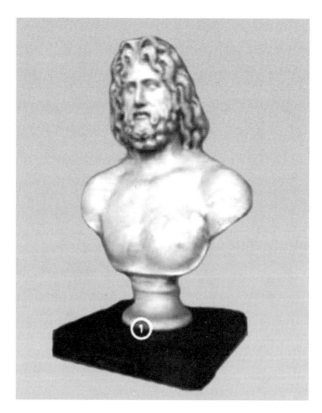

图1-7　大英博物馆3D全息展品

资料来源：http://britishmuseum.org.cn/galleries.html。

第二节　人工智能走入博物馆

人工智能（Artificial Intelligence），英文缩写为 AI，它是研究、开发用于模拟、延伸和扩展人的智能的理论、方法、技术及应用系统的一门新的技术科学。人工智能是计算机科学的一个分支，它企图了解智能的实质，并生产出一种新的能以人类智能相似的方式做出反应的智能机器，该领域的研究包括机器人、语言识别、图像识别、自然语言处理和专家系统等。人工智能从诞生以来，理论和技术日益成熟，应用领域也不断扩大，可以设想，未来人工智能带来的科技产品将会是人类智慧的"容器"。人工智能是对人的意识、思维的信息过程的模拟。人工智能不是人的智能，但能像人那样思考，也可能超过人的智能。

人工智能由不同的领域组成，如机器学习，计算机视觉等，这项技术的一个主要研究目标是使机器能够胜任一些通常需要人类智能才能完成的复杂工作（见图 1-8）。

人工智能的基本思想在于利用计算机技术实现智能工作，通过训练计算机提供系统思维的能力，让计算机完成部分智力工作，模拟人类智能行为。对应智慧博物馆全面感知、泛在互联、海量数据及精确运算四个特征，人工智能技术在博物馆的应用集中在智能导览、人脸识别、图像识别等方面。智慧博物馆的建设

图1-8　人工智能示意图

资料来源：百度百科，https：//baike.baidu.com/item/%E4%BA%BA%E5%B7%A5
%E6%99%BA%E8%83%BD/9180。

主要依靠物联网、移动互联网、大数据、云计算四个技术系统。
百度公司在 2018 年启动了一项 AI 计划，希望打造"5G+AI 技术
在博物馆"，用于更为直观、生动地展示丰富的文化遗产。在秦
始皇帝陵博物院中，对准文物拍照，人工智能技术可以让兵马俑
"开口说话"，甚至让参观者在 100 米之外就可以看到盔甲上的
"文物"（见图 1-9）。2018 年，Google 公司利用人工智能技术为
纽约现代艺术博物馆的 30000 张图片进行自动识别，并将图片做
成博物馆展览的互动档案方便呈现。

云计算（Cloud Computing）是分布式计算的一种，指的是通
过网络"云"将巨大的数据计算处理程序分解成无数个小程序，
然后通过多部服务器组成的系统处理和分析这些小程序，得到结
果并返回给用户。云计算早期，简单地说，就是简单的分布式计
算，解决任务分发，并进行计算结果的合并。因而，云计算又称

为网格计算。通过这项技术，可以在很短的时间内（几秒钟）完成对数以万计的数据的处理，从而实现强大的网络服务。

图1-9　秦始皇帝陵陶俑导览

资料来源：秦始皇帝陵博物馆，http：//www.bmy.com.cn/。

在博物馆技术支撑与服务框架中，可以通过云计算将馆内的信息资源在事先定义的范围内实现共享，为博物馆藏品信息等学术资源的共享带来便利。美国国家艺术博物馆曾通过数字化手段，实现了首个在线学术图录的编撰工作，这一学术图录的特点是用户可在一个地方就能找到藏品的所有信息。线上藏品图录不仅包含基本信息，而且增加了展览历史、学术记录、学术评价等信息，并为公众查看藏品和与藏品有关的文章等提供了方便的搜索入口。

AI与博物馆融合推进了博物馆发展，让观众与文物可以更加轻松地"对话"，尤其是随着机器人技术、深度学习、神经网络、超级AI的发展和应用，博物馆的管理更加智能化，朝着人工智能大步迈进。在策展陈列、智能导览、人脸识别、图像识别等方面，注入新的元素的博物馆也由以往的被动式适应发展转变为自主学习、智能控制、主动探索（见图1-10）。

图1-10　智慧博物馆

资料来源：百度百科，https：//baike.baidu.com/item/%E6%99%BA%E6%85%A7%E5%8D%9A%E7%89%A9%E9%A6%86。

第三节　数字媒体与人工智能的新融合

人与机器交互的发展和演变经历了传统的按钮、键盘、开关等控制器的物理交互，到如今开放物理的交互手势界面以及多点触控屏幕等新的物理交互设备。人机交互的目的是要让人在使用的过程中能够用最简单、最方便的方式操作，人机交互不只是局限于手的动作，而是结合人的肢体语言甚至声音、视线，让机器通过感测整个人体的行为和运动轨迹而进行有效的工作。

通过数字媒体和人工智能技术打造的交互式虚拟展示是现实环境与虚拟环境的结合。借助辅助设备，将虚拟环境真实地呈现在人们的眼前，利用相关渲染技术输出高保真的虚拟交互场景，实现人们在目前技术环境下所不能提供的演示条件。

例如，隔空翻书，亦称互动翻书、空中翻书、虚拟电子书、魔幻翻书等，是利用红外感应技术以及计算机多媒体技术实现的一种虚拟翻书的视觉效果。参观者只需要站在展台前方，伸出手在空中做出左右挥动手臂的动作，计算机就能识别出参观者的动作，并将该动作传输给计算机进行处理，计算机内的应用程序则根据所捕捉的信号，驱动多媒体动画进行翻书的效果表现。这种虚拟翻书形式新颖，视觉冲击力强，很多展览展示都有它的身影，在中华人民共和国成立 60 周年成就展、第二届全国地理测绘展等展览中都是通过 LCD 或 PDP 显示，使虚拟书籍的分辨率大大提高，大幅提升了文字、图片等资料的阅读清晰度和色彩对比度，实现了藏品的高度还原。此外，在上海世博会的加拿大馆、城市生命馆、重庆馆中，通过技术手段展出的图片类虚拟艺术作品的色彩与灰度不差于印刷品，并可嵌入动画、视频等资料。

在 2010 年上海世博会国家馆的观展过程中，许多观众都会在国宝级艺术品——《清明上河图》前驻足。互动版《清明上河图》震撼了所有参观者。互动版《清明上河图》分白天和黑夜两个版本，共有 1068 个人物，白天 691 人，晚上 377 人，表现的是北宋宣和年间世界最大城市汴京的繁盛景象。为了让人能够更仔细地看清楚《清明上河图》中的众多人物，领略其中的意境，上海市科学技术委员会专设了"大尺寸屏幕人机互动"项目，运用 LED 技术的《清明上河图》中的人物、景致栩栩如生，参观者仿佛观看电影一般。为了避免参观者视觉疲劳，布展者加入了结合计算机科技的人物对白，把《清明上河图》变成了能够身临其境的人机交互媒体。在微软公司的 ICE、Silverlight 技术的基础上，针对《清明上河图》散点透视的空间造型特点，研发了独创性的三维布局恢复算法和虚拟环境组织方法。通过使用"横向分块"和"纵向分层"的数据管理策略，实现了超大量数据的合理组织和无缝拼接，配合 5.1 声道的立体声效果，使参观者陶醉于北宋东京汴梁的繁荣中（见图 1-11）。

图1-11 互动版《清明上河图》

资料来源：百度百科，https：//baike.baidu.com/item/%E6%B8%85%E6%98%8E%E4%B8%8A%E6%B2%B3%E5%9B%BE/23560893。

交互是展览设计的发展方向，采用多通道用户界面、计算机协同工作、三维人机交互等高科技的交互手段，为观众提供全方位、多角度的观展互动体验。触摸式人机交互为展览设计添彩，人机互动通过调动现场观众的听觉、视觉、触觉甚至嗅觉的刺激，极大地提高观众的参与度，使整个展览收到良好的效果。但是，人机交互与展示设计的结合刚刚起步，尚存在不够完善和有待提高的地方，在博物馆展览设计中如何将现有技术和多媒体展示相结合，需要策展者基于对展示的主客体的正确理解和分析，选择合适的设计策略，以达到预期的展览设计效果（见图1-12）。

图1-12　绘画机器人

注：改革开放四十年展览中的绘画机器人，站在它的面前，它会识别你的容貌并给你制作一幅画像，其他时间还可以和观众挥手打招呼。

人机交互技术领域热点技术可以应用于：可穿戴式计算机、隐身技术、浸入式游戏等的动作识别技术，其发展潜力展现在智能手机配备的地理空间跟踪技术；虚拟现实、遥控机器人及远程医疗等的触觉交互技术；呼叫路由、家庭自动化及语音拨号等场合的语音识别技术；对于有语言障碍的人士的无声语音识别；广告、网站、产品目录、杂志效用测试的眼动跟踪技术；针对有语言和行动障碍人开发的"意念轮椅"采用的基于脑电波的人机界面技术等。类似指纹识别技术、侧边滑动指纹识别技术、TDDI技术、压力触控技术等热点技术的应用开发是机遇也是挑战。基于视觉的手势识别率低，实时性差，需要研究各种算法来改善识别的精度和速度，眼睛虹膜、掌纹、笔迹、步态、语音、唇读、人脸、DNA等人类特征的研发应用也正受到关注，与云计算等相关技术的融合促进与应用也需要继续探索（见图1-13）。

图1-13 中华人民共和国成立70周年特展中依靠云计算实现的互动屏幕

第二章

数媒时代的博物馆用户体验

You've got to start with the customer experience and work back toward the technology—not the other way around.

你必须从消费者的体验入手，再回来寻找技术做开发——绝对不能本末倒置。

——1997 年 5 月苹果全球研发者大会　乔布斯

第一节　带给用户全新感官享受

　　用户体验（User Experience，UE/UX），即用户在使用一个产品或系统之前、使用期间和使用之后的全部感受，包括情感、信仰、喜好、认知印象、生理和心理反应、行为和成就等各个方面，是用户在使用产品过程中建立起来的一种纯主观感受。其最早被广泛认知是在 20 世纪 90 年代中期，由用户体验设计师唐纳德·诺曼（Donald Norman）首先提出。

　　身为电气工程师和认知科学家的唐纳德·诺曼最初作为一名用户体验架构师加入苹果公司，而他的职位则被命名为"用户体验架构师"（User Experience Architect），这是第一次在职位头衔中使用"用户体验"这个词，也是首个用户体验职位。作为苹果公司高级技术团队的副总裁，他帮助这家传奇企业对它们以人为核心的产品线进行研究和设计。对于一个界定明确的用户群体来讲，其用户体验的共性是能够经由良好设计实验来认识到。在中国面向知识社会的创新 2.0——应用创新园区模式探索中，更是将用户体验作为"三验"创新机制之首。ISO 9241–210 标准将用户体验定义为"人们对于针对使用或期望使用的产品、系统或者服务的认知印象和回应"，通俗来讲就是"这个东西好不好用，用起来方不方便"。因此，用户体验是主观的，且其注重实际应用时产生的效果。

用户体验产生的效果根据层次递进可以分为感观体验、交互用户体验和情感用户体验。感观体验指呈现给用户视听上的体验，强调舒适性，一般在色彩、声音、图像、文字内容、网站布局等方面呈现。交互用户体验是指界面带给用户使用、交流过程的体验，强调互动、交互特性。交互体验的过程贯穿浏览、点击、输入、输出等过程给访客产生的体验。情感用户体验是指带给用户心理上的体验，强调心理认可度。让用户通过站点能认同、抒发自己的内在情感，则说明用户体验效果较深。情感体验的升华是口碑的传播，形成一种高度的情感认可效应。

对于用户体验来说，微小差异，影响巨大。除了使用者的状态、系统性能以及环境（状况）可以影响用户的使用系统的实际体验外，独立的用户体验更是影响到全局用户体验的关键。例如，按键的手感影响了与电子屏幕交互过程中的用户体验，而与电子屏幕交互的体验影响了翻阅查看信息这一过程的用户体验，并且最终影响到仪器设备使用甚至参观总览的全局用户体验。举例来讲，在付款时，用支付宝扫码支付，只要打开初始页面按一下就可以了，而在微信，却需要点击三下才能找到付费入口，严重拖慢了付费速度。全局用户体验并不是独立用户体验的简单相加，因为总会有某些体验（带来的正面或负面效益）比其他体验更为突出。此外，全局用户体验还会受到外部因素如品牌、价格、朋友的意见，媒体的报道等的影响。

在某些行业内，一个产品如果具有极佳的用户体验，那么这将被视为确保良好品牌忠诚度和提高客户群增长速度的有效手段。在文博行业内，给予参观者良好的参观体验同样能够营造出口碑效应并借此达到推广乃至盈利的目的。

现如今，用户体验越来越受到广大消费者的重视。对于产品来说，用户体验决定产品的使用率，在竞争激烈的市场中，提供好的用户体验才能抢占市场。而对于博物馆展览来说，参观者感受到的沉浸式体验更受重视。沉浸体验（Flow Experience）也叫沉浸理论（Flow Theory）、沉浸式体验，是指通过技术手段完成模糊物理世界与数字或模拟世界之间的界限，从而营造出沉浸感的体验过程。沉浸体验在积极心理学领域是指：当人们在进行活动时，如果完全投入情境当中，注意力专注，并且过滤掉所有不相关的知觉，即进入沉浸状态。随着计算机科技的发展，沉浸理论延伸至人机互动上的讨论，这时沉浸体验也指活动参与者进入共同经验模式，意识集中在很小的范围之内，其他不相关的知觉和思考都被过滤，仅对具体的目标和明确的回馈有反应，并且对环境产生控制感。

在各种数字科技如触控交互、体感交互、3D Mapping、动态投影、VR/AR/MR、全息成像、多通道投影拼接融合技术等的加持下，展览设计能够通过搭建数字场景来激活历史，和观众产生互动，给观众身临其境的沉浸式体验。这种体验带来的经历能够加深展览在参观者心目中的价值。融合博物馆的文化特点打造富有价值的、难忘的、引人思考的沉浸式体验，成为当前博物馆的发展趋势（见图2-1）。

图2-1　国家博物馆改革开放四十年展览中的通道（两侧数字屏幕循环播放列车的变革以展示中国铁路40年来的变化）

第二节　提供清晰直观的展览设计

　　展示设计结合体感交互不仅可以使展示效果更加自然生动、表达设计主题更形象，同时也能增加观看者与设计作品的互动，增强了展示设计的趣味性。展示设计与体感交互技术相结合要同时遵循适用性原则和互动性原则，通过较为生动有趣的方式传播和保护展览设计需要传递的文化和价值理念。

　　体感交互等方面应用较多，在虚拟空间环境构建中发挥着至关重要的作用。展厅设计的最终目的是服务于参观者，数字展厅可以通过构建数字化空间、搭建虚拟实验场景把更多的展示内容通过多媒体形式展现出来，或者采用人机互动的方式，通过引导参观者不停地移动来触发沉浸式体验，并且数字展厅中的人机互动更容易让参观者理解和认可。为了让参观者快速找到旅游最新资讯信息，一些景区和博物馆开始设置电子触摸屏、查询台及信息亭等。上海世博会景区内设置的电子触摸屏，让游程安排进入"触摸时代"，参观者能够及时调整旅游计划，通过与网络实时互动，点击触摸屏找到相关信息，这种人机交互体验大大丰富了导视系统中的交互体验方式（见图2-2）。

图2-2　湖南博物馆电子触摸屏幕

资料来源：搜狐，https：//www.sohu.com/。

参观者与博物馆导视系统的各个元素之间产生的关系构成了

交互体验。以用户为中心的导视系统利用人机交互体验，结合先进终端技术，从视觉、听觉、触觉等方面增强导视系统的功能性，简化操作的复杂性，增加导视系统的信息储存量，丰富导视系统的交互方式，以此帮助游客通过导视系统完成自己的导识和导向目的。

导视系统可以从信息内容、人机交互方式、功能、技术等方面来优化、升级，利用新技术——手机 APP 导航技术来实现精确定位、电子导航，丰富了导视系统单一的静态导视牌形式及信息容量，可用性、实际操作的易用性大幅度提升，与参观者之间信息的交流互动更加频繁，人性化和智能化也带给游客愉悦的交互体验（见图 2-3）。

图2-3 西北农林科技大学虚拟校园导览

资料来源：https：//tv.sohu.com/v/cGwvNjM5NTc4My8xODcxMjUwOC5zaHRtbA==.html。

对于参观者来说，加入交互体验的导视系统间接地充当了"导游"这一角色，降低了参观的陌生感，节省了时间成本，增强了交互体验；对于博物馆来说，丰富导视系统的人机交互方式，减少了导视牌的使用率，节约了资源，优化了环境布局。博物馆导视系统的设计让游客在轻松地寻找过程中深切地感受到游览的方便以及找到目的地的成就，体验到一个愉悦的、美好的旅游过程。互联网、移动终端、新媒体等技术的不断创新和广泛使用，推动了博物馆等场馆和参观景区导视系统中交互体验方式的多元化发展，但在人机交互的同时也带来了许多问题。触摸屏、信息台等这些触摸屏设备一个时间点只能一人使用，使用中操作方式是否满足大多数人的认知水平、是否简单易用等也待反馈。所以，当下电子导视系统中的交互体验方式还需优化和升级。

第三节　交互变得更加友好

　　互动性以数字媒体系统的交互技术为基础，是指发布者、接收者双方基于数字媒体交互性而进行的注入问答、讨论等意见沟通、思想交流和意义的社会建构过程。数字媒体具有人机双向即时信息流通的特点，即信息在信息发布者和接收者之间的双向流动，数字媒体系统不仅向接收者呈现出各种表达传播内容的多媒体信息形式，而且也能够接收到即时反馈的信息，同时对反馈信息进行分析和处理，确定下一步向接收者呈现的内容和形式。

　　在这样的传播方式下，受众不再处于被动接收信息的地位。

信息传播者和受众之间能进行实时的沟通与交流。安迪·沃霍尔说:"在未来,每个人都可以成名15分钟。"现代人崇尚自由、渴望互动,更偏爱根据个人爱好、生活习惯、需要的信息内容等订购媒体信息,追求个性化的服务。体感交互由于其交互方式具有沉浸感和趣味性,成为了当下最受欢迎的交互方式之一。

交互是随着科技的变化而变化的,在博物馆中,我们可能会看到人类科技的演变过程,通过这个过程看到不同时期的生活中交互设计在其中的应用情况。关于人机交互的最好普及、最具有代表性的莫过于大家使用的手机。从过去最老式的半导体收音机到现在日趋智能化的平板电脑,不同的科技文明决定着不同的使用方式,更决定着不同的人机交互模式。从蒸汽时代到电气化的现代社会,从煤油灯到现在的节能灯,从过去老式的飞鸽传书到现在的电子邮件,我们的认知模式和对人机交互的需求已经随着时间的推移要求越来越高、越来越智能化,甚至需要生活中的方方面面都是智能的、都是可以进行人机交互的。

在交互设计中,对"用户友好性"的优化一直是设计师们不断探索的方向。关于博物馆展陈中的交互设计,美国波士顿儿童博物馆有这样一个形象的说法:"我听了,但我忘了;我看了,我记住了;我做了,于是我明白了。"博物馆对观者传递信息的方式不再单向,而是以观者视角为主,引导其主动与博物馆互动,唤醒他们的求知欲。在数字媒体技术发展背景下,参观者的交互行为得到了增强,传统展出内容如今在机器上轻轻一点即可查看(见图2-4)。适当地利用数字媒体技术作为交互手段可以激发观者好奇心,更加深入浅出地传递信息。

图2-4　触屏体验

资料来源：故宫博物院，https：//www.dpm.org.cn/Home.html。

　　近几年，全国博物馆纷纷引入各种高科技，以全新的展示思路，重新整理、典藏、陈列具有科学性、历史性、艺术性的物品，将具有卓越贡献的人物或重大历史事件以丰富的展示手法翔实体现，将人文精神、历史底蕴、自然风貌和艺术珍品以最完美的方式展出，让观众穿越时空，静心享受人文视点、高新科技与唯美艺术带来的展示盛宴。现代博物馆将RFID等技术应用于与真人互动的游戏中，支持游客在真实环境中与真人互动，突破传统游戏场景的局限，为游客提供更加自由、人性化的互动服务。

　　除了博物馆线下展览的交互展项，打破时间与空间限制的线上虚拟展厅也在崭露头角。中视典数字科技有限公司基于自主知识产权的VRPIE2.0在互联网上打造出三维虚拟空间，将珍贵的、需要保护的展品，在互联网上 1 : 1 进行复原，用户可以 360°全方位观看展品，能够使分散在全世界各个角落的用户随时登录网络平台，在畅游寻觅、身临其境中欣赏展品，做到了展出与展品保护两不误。

第三章

智慧博物馆打破传统围墙

Do you know what "museum" means?

你知道"博物馆"什么意思吗？

——电影《博物馆奇妙夜》

第一节　虚拟现实打破时空界限

在阅读科幻作品或者观看充满奇幻色彩的影视作品时，人们常常会被不可思议的脑洞和神秘的世界观所震撼，同时心生向往，扭转时空、回到过去、探索未来，回归到尊重客观规律的现实世界时不免略感遗憾，现在，随着数字媒体的发展和成熟，这种遗憾或可被稍稍弥补。

博物馆的存在有着奇妙的连接时空的能力，它可以把千万年前的世界呈现在你眼前，也可以带你闭上眼走进一个未知的未来。传统交互方式通常运用屏幕作为媒介，即便里面的世界真实且丰富，单纯的展览陈列难以让参观者产生身临其境之感，对着二维的屏幕难以获得多维体验。与传统媒介不同的是，虚拟呈现可以带给观者高度沉浸的体验并实现多感官交互，为其创造了一个可以"走进"的文化世界。在"互联网+"的新趋势下，线下与线上、实体感与虚拟感，都将成为重要的观感体验。随着博物馆展陈的数字化、交互化，运用数字媒体展示博物馆陈列品成为布展的新方式。结合声音图文或配以模拟造景的传统展示方式下，观众难以感受到陈列品的知识性、趣味性。虚拟现实人机交互设计的新思维给观众带来了多种感官刺激体验和认识体验，将参观者暂时剥离身处的现实世界，带他们进入一个全新的时空领域，同时在这个虚拟时空中设计出不同陈列品的多种模拟造景场景，实现与博物馆陈列品的实时互动。智慧博物馆不仅是技术的更新换代，也不仅是"声光电"的应用，更是解读方式的不同。信息化使博物馆资源走向开放、整合与共享，突破时空限制和封锁壁垒，同时要求博物馆做到以人为本、细化受众和提供个性化的服务。

虚拟现实技术（VR）改变了博物馆陈列品传统展示的体验，创造出沉浸式的真实体验。这一技术在 20 世纪 90 年代被提出，它是利用计算机技术、计算机图形技术、传感技术等多种技术手段建立的一个虚拟世界，是一种存在于计算机和互联网环境中人工制造的虚拟环境。虚拟现实技术具有沉浸式的特点，人们能够以接近自然的方式与这个虚拟环境进行交互，从而产生身临其境的沉浸感。由于虚拟现实有着传统人机交互无法比拟的真实感，不仅刺激观者的视觉，更能通过感知听觉、触觉、力觉甚至嗅觉与其进行实时交互，使人们能够如同感知真实世界一般接触虚拟空间，为人类文化的传承和发展创造了新的可能，对教育培训、文化旅游、社交活动、电子商务、生物医学等领域都有深远的意义。增强现实技术（AR）在同时期被提出，它是通过计算机系统提供的信息提高用户对现实世界的感知能力和交互体验的技术，能够实时地计算摄影机影像的位置及角度并加上相应图像，将真实世界信息和虚拟世界信息无缝集成，这种技术的目标是在屏幕上把虚拟世界套在现实世界并进行互动。

河南省地质博物馆为激发观众参与度，强化观众参观地质博物馆陈列品的体验感和沉浸感，借助虚拟现实还原地质博物馆陈列品展示空间和情景后，通过虚拟现实人机交互设备，让观众和虚拟现实空间中的陈列品进行交互式游戏互动（见图3-1）。虚拟现实还原场景，不仅让观众在虚拟现实空间中感受到沉浸式的陈列品展示，还可以让观众借助人机交互设备积极有效地参与虚拟现实空间中与陈列品的互动。观众不仅能直观地感受到特定历史时期或典型自然环境下陈列品的特征，还可以在游戏互动中更好地接收信息、获取知识。

图3-1　设有互动屏的河南省地质博物馆展厅

资料来源：河南地质博物馆官网，http：//www.hngm.org.cn/?c=Show&id=84。

进入21世纪以来，可穿戴设备等移动终端呈爆发式增长，个人设备的计算能力越来越强大，虚拟现实头戴式显示设备得以迅速兴起，虚拟现实从科学家的实验室一跃进入万千大众的视野。经过近两年的快速发展，虚拟现实技术相关的产业生态链逐步形成，Oculus Rift、HTC Vive、PlayStation VR 等硬件产品相继走入市场，各种应用也随之产生并推广。2006 年 11 月 19 日，任天堂第一次将体感引入了电视游戏主机。2010 年 11 月 4 日，微软推出了 XBOX 游戏机体感外设 Kinect 智能体感设备。它能够对场景进行实时图像获取、语音输入等功能。使用者的任何肢体动作都可以在游戏中得到反馈，坐着玩游戏不再是唯一选择。2017 年 3 月在纽约举办的军械库展览会中，利用虚拟现实技术，佩戴微软霍洛伦斯头设的参观者可在看似满是绿线的展厅内身临其境地观看虚拟艺术品（见图 3-2）。

图3-2　军械库展览会

资料来源：艺术中国，http：//art.china.cn/。

人们称通过识别用户手势、运动状态等信息，与相应功能的技术设备进行数据传输与转换的交互方式为体感交互（Tangible Interaction），由于其交互方式具有沉浸感和趣味性，这一新式的、富于行为能力的交互方式正在转变人们对传统交互的认识，探究新型的行为方式。

如何把体感交互技术运用在博物馆中，日本横滨超体感型博物馆为我们做了一个良好示范。这个以"地球"和"生命"为主题的场馆中最大的看点是尺寸为40m×80m且拥有体感技术的巨幕。参观者在剧场内不仅可以欣赏巨幕上的影像，还能在屏幕前与里面原比例大小的各种动物互动，探索自然的魅力（见图3-3、图3-4）。展厅设计看似在新技术应用上做了"减法"，实际上运用了复杂的程序和缜密的思维使交互装置与物理展示空间进行了精准的对接，快速又准确地传递了展览的核心理念。

图3-3　戴VR眼镜看电影的人

近年来，随着故宫IP的火爆，故宫也加大了开放力度，但由于经常需要修缮，对外开放的范围也更加严谨，参观者往往只能站在护栏外朝内部一窥究竟。养心殿是故宫博物院中最著名、最受欢迎也是最令人耳熟能详的区域之一。参观至此，人们可以

图3-4 《海错图》展览虚拟布景

资料来源：故宫博物院，https：//www.dpm.org.cn/Home.html。

看到依照历史进行还原的陈设，也可以去找寻关于雍正皇帝、三希堂或垂帘听政的轶事。2015 年底，故宫博物院启动了"养心殿研究性保护项目"，为了对养心殿进行全面的修缮和保护，这一区域随之关闭。2016 年 9 月至 2017 年 2 月，故宫博物院联合首都博物馆推出了大型展览《走近养心殿》。此次展览共展出与养心殿相关的文物 268 件（套），通过复原养心殿主要建筑空间与陈设，辅以相关历史知识的介绍与补充，力图还原养心殿的格局与氛围。展览共分为"养心殿正殿明间""西暖阁""三希堂""东暖阁""仙楼佛塔""皇帝日常休息之处"及"天工匠意——皇家造办"7 个单元，展现了清代帝王在养心殿的理政活动、生活起居以及国家的兴衰历程。自开展以来，众多游客慕名而去，在展厅内他们不仅可以看到"原汁原味"的养心殿，更能够通过简约的纸板 VR 眼镜"重回养心殿"，戴上眼镜后参观者眼前会出现真实养心殿内的场景，随着他们的行走视野会一步一步拉开，如同行走在真实的故宫养心殿内，给了参观者极为有趣的参观体验，体验行走在故宫养心殿内的感觉。这就是 VR 技术应用于虚拟现实为博物馆布展参观提供的便捷服务和新奇感受（见图 3-5）。

图3-5 首都博物馆大型展览《走近养心殿》

2017 年 10 月，故宫端门数字馆同步推出了"发现·养心殿——主题数字体验展"。展览通过大型高沉浸式投影屏幕、虚拟现实头盔、体感捕捉设备、可触摸屏等，使观众可以走进虚拟世界中的养心殿，运用 AI、VR、语音图像识别等多种先进技术，与朝中重臣自由对话，全方位鉴赏珍贵文物，甚至还能去皇帝的后寝殿里散步（见图 3-6、图 3-7）。

开放性、多样性、体验性和互动性，是全数字形态展览的突出优势。与以往单向被动式参观的展览不同，数字展览更加注重探索和体验，除设置了多种有趣的真人通关模式，更与观众手中的移动智能设备建立起关联，手机在这里不仅仅是一台"照相

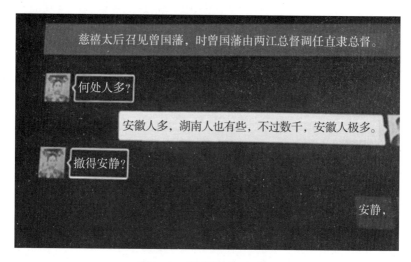

图3-6　虚拟展馆互动屏幕

资料来源：故宫博物院，https：//www.dpm.org.cn/Home.html。

图3-7　养心殿虚拟展馆

资料来源：故宫博物院，https：//www.dpm.org.cn/Home.html。

机",还可以参与到多种有趣的交互环节中,让线上与线下的联通变得妙趣横生。展览选取养心殿生活中的"政务—文化—起居"元素,使用无须下载的导览小程序对观众进行个性化导览,同时利用小程序进行互动和积分记录。观众还可以体验"召见大臣""朱批奏折""走进三希堂""鉴藏珍玩""亲制御膳""穿搭服饰"等活动,在游戏结束时根据积分揭晓"彩蛋",度过内容丰富的浓缩的"养心殿的一天"(见图3-8)。这对于广大年轻观众来说,不仅增长了历史文化知识,同时具有很强的参与性和时尚感。

图3-8 手机端虚拟养心殿

资料来源:故宫博物院,https://www.dpm.org.cn/Home.html。

数字展览以准确而严谨的高度数据结合交互技术,向观众完整、生动地传递了文化遗产所蕴含的历史风貌,再现历史;用交互的方式呈现高精度数字化文物模型的制作工艺、纹饰特点、使用方式等，以鲜活的方式实现寓教于乐的效果；用语音语义和图像识别等人工智能技术，让参观体验变得更有科技范儿。

借助交互技术，参观者可以实现网站的 3D 实时浏览效果；可以利用扫描二维码的方式进行数字博物馆的在线展示，用最小成本实现 3D 文物及数字化博物馆的传播及普及；游览者观赏文物时，扫描真实文物可以出现虚拟解说和功能性介绍，具有人机对话和智能识别功能；馆内面向浏览者的交互式多媒体终端设备为游览者创造了崭新的参观体验；馆藏文物全息展示，全息投影可以产生立体的空中幻想，还可以使幻想与馆藏文物及浏览者产生互动；还有虚拟现实 APP，可以实现扫描二维码或者图片呈现虚拟 3D 文物……科学与艺术是一枚硬币的两面，技术手段让更多人更有兴趣去了解文物及文物背后的故事，借助技术应用，人们对话历史，憧憬未来，打破时空界限的博物馆陈设新手段开辟了跨时空、跨文化交流的新模式。

第二节　机器人导览引导博物馆漫游

博物馆机器人是作为讲解员的模仿和代替品诞生的。在博物馆中，讲解员有带领游客并为游客讲解文物的历史及意义的责任，在博物馆中，专职讲解员通常由志愿者担任，有时会存在覆盖面不全、人员储备不足等一系列难题，并且讲解员讲述的内容通常都具有一定的重复性，面对这样重复且高耗时的工作，人们尝试用机器人取代讲解员的位置，为游客提供服务，一来可以适量地减少人力，二来可以增加博物馆的科技感，让游客感受到历史文化的同时，也能体会一下高科技的新时代感。

这类机器人通常出现在大型展览馆、博物馆或其他会展中心，他们具有自主导航、路径规划、智能避障、目标点的停靠与定位、语音解说以及能与参访者进行简单对话等功能，能够引导参访者沿着固定路线参访。同时，机器人必须具有对外界环境快速反应和自适应能力。在机器人的设计上，人工智能层主要利用CCD摄像头规划和自主导航机器人的路径，控制层协调完成多传感信息的融合，而运动执行层完成机器人行走。

博物馆讲解机器人能与游客进行简单的交流，为游客提供问询服务和讲解服务，同时，为了方便对机器人进行管理，有专门的后台管理客户端对其进行远程监控。为了适应参观者对机器人要求的增加，当前的机器人功能也在逐渐增多，礼仪迎宾、语音交互、推广宣传、娱乐互动、后台远程操控、同声回答、身份证识别等都成为可实现的操作。不仅如此，参观者还可以通过手机APP客户端让机器人按指令行走，大大提升了服务机器人的实用性。引用机器人进行讲解，能够让展厅添色不少，更加体现现代化、科技感。其集礼貌迎宾、自主导航功能、互动交流等功能于一体，能够带领访客参观、介绍展厅展品、回答参观者提问、负责一系列解说，不仅生动活泼，而且也节省了人力和时间成本。当下，在万科、大悦城等现代化的大商场中已经不乏讲解机器人的身影，你能够通过询问时间、天气等基本信息与他们交流互动，还可以向他们询问你想要去往的店铺位置，既节省了寻找时间，又大大增强了出游的趣味性。

在展览中，机器人不单单是机器人，更是同游同行的任务同伴。智能机器人不但可以完成更智能化、自动化、高效化的任务，而且可以无限循环运用，更有助于精密化管理，完美替代反复性任务，增添科技感。展览馆中的参观重点在于讲解，机器人可以替代一个导游或志愿者的讲解工作，还可以与多媒体配合，与人进行实时语音对话，通过语音识别、触摸交互、移动互联等方式，为参观者提供智能化、人性化的咨询、引导、预约、宣传、迎宾等服务。现在很多展览馆为节省人力成本，提升导览效率，增加展览馆的效益，提高展览馆形象，都有用机器人作为咨询员。

杭州国辰展馆讲解机器人外形设计具有卡通形象特征，拥有自主迎宾、语音交互、推广宣传、娱乐互动、后台远程操控、同声回答等功能的它一经推出就成为了展览参观的焦点（见图3-9）。它的整体设计按照人性化的思路，应用了语音识别技术、图像识别技术、电机控制技术、计算机通信技术、单片机应用技术、机械设计技术、材料成型技术，涉及信息、机械、材料、美学等多学科。装备最先进的计算机语音处理系统，内含自然语音库＋行业专业语音库，可以毫无障碍地与来访者进行交流沟通，提供智能精准回复；还可以进行场景定制化语音语义，对复杂环境快速熟知，实现零失误讲解引导。现场宾客可使用麦克风向机器人提出众多问题，对话内容可以根据用户需要制定，机器人则用幽默的语言回答宾客提问。通过人机对话，既可以把本次活动或庆典的内容充分展示给现场宾客，同时又可以增加宾客的参与性、娱乐性，产生良好的互动效果。它更像是一个智能平台，围绕打造智能商圈和智能生活的概念，将机器人与用户、企业与用户连接起来，有效拓展宣传渠道，提升讲解效率。

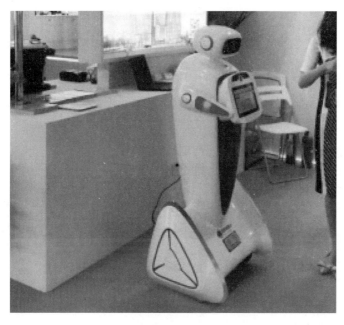

图3-9　杭州国辰展馆讲解机器人

资料来源：https：//www.gkzhan.com/st235063/product_10610649.html。

北京宏鲲科技有限公司设计的机器人能够实现致迎宾词、导游功能、语音对话和才艺表演（见图3-10）。它是由自身携带的蓄电池自主行走，通过感知系统采集环境信息，进行传感器信息融合，建立环境模型，从而实现识别和躲避障碍物的功能。通过地面色标、激光定位等方法，可以实现沿规划好的路径进行行走，并在巡迹行走过程中，对事先定位好的展品进行讲解。机器人体内具有温度、湿度、红外等环境传感器，可对室内环境进行监测，实现一定范围内的人与机器人自由对话，语音控制机器人的移动、肢体动作以及其他表演功能。语音方面的表演功能如背唐诗、唱歌以及其他的一些语音提示等。

图3-10　北京宏鲲科技有限公司蓄电池自主行走机器人

资料来源：http：//www.szzs360.com/shop/2794/companyinfo/server.html。

第三节　媒体手段让博物馆走出围墙

　　"博物馆"一词源于希腊语 Mouseion，原意指供奉希腊女神缪斯（Muse）的"缪斯馆"。早期博物馆的展陈方式主要分为壁橱式、纵向推进式和年谱式。传统博物馆展陈设计中展品被放在首要位置，这种展览方式因忽略观者需求往往显得单调无趣。展品与观者的关系相对静止，所以博物馆在成立初期被当作一个收纳历史文物、民族文化遗产和自然遗产的实体仓库。随着时代的发展，它不仅肩负获取、保存和推广藏品的职责，还要准确地建立和传播文化。21 世纪的现代博物馆是一个集浏览和智能交互为一体的多媒体信息系统。博物馆成为征集、典藏、陈列和研究代表自然和人类文化遗产的实物的场所，也是对那些有科学性、历史性或者艺术价值的物品进行分类，为公众提供知识、教育和欣赏的文化教育的机构、建筑物、地点或者社会公共机构。

　　截至 2019 年底，全国备案博物馆 5535 家，全国 76% 的县、市、区建有博物馆，每 25 万人拥有 1 家博物馆，国家一、二、三级博物馆数量达 1224 家，行业博物馆近 800 家。"博物馆热"的出现伴随着一个现实问题，即博物馆旺季一票难求，参观预约难度加大，尤其是在大型展览和节假日期间，排队的火爆长龙往往让人望而却步。为了解决这一难题，文博行业各出奇招，博物馆从"打开门"变成"打破门"。

将多媒体、虚拟现实等数字化技术和设备引入博物馆，将其运用于文物保护和文化传承，打造智慧博物馆成大趋势。智慧博物馆是近年来在数字博物馆的基础上发展起来的概念。狭义地说，智慧博物馆是基于博物馆核心业务需求的智能化系统；广义地讲，智慧博物馆是基于一个或多个实体博物馆（博物馆群），甚至是在文物尺度、建筑尺度、遗址尺度、城市尺度和无限尺度等不同尺度范围内，搭建的一个完整的博物馆智能生态系统。

智慧博物馆以多模态感知"数据"替代数字博物馆的集中式静态采集"数字"，并以此为基础，建立更加全面、深入和泛在的互联互通，消除信息孤岛，使人与人、人与物、物与物之间形成系统化的协同工作方式，从而形成更为深入的智能化博物馆运作体系。智慧博物馆淡化了实体博物馆相互之间以及实体博物馆与数字博物馆之间的界限，形成了以博物馆业务需求为核心，以不断创新的技术手段为支撑，线上线下相结合的新型博物馆发展模式。智慧博物馆不仅是技术创新，更是制度创新。"互联网+"之前，博物馆需要全员值守，提供讲解、安保、开放服务等；"互联网+"则可以实现人机互动。

英唐众创方案公司将新技术应用于博物馆 APP 智慧导览当中，推出首款博物馆 APP 后，中国的博物馆 APP 渐渐多了起来，南昌八一起义纪念馆推出的手机 APP、武汉博物馆 APP 纷纷面世公测，宅在家里"逛"博物馆正在变成一种时尚。虚拟现实技术、3D 打印、网上展览均可以让参观者打破地域界限去感受和体验博物馆。

归功于网络的发展，如今博物馆的展陈方式不再局限于物体空间中，离开博物馆后人们依然能接收到信息，还能使没有机会参观的公众获得机会，让文化在瞬时间传递至世界各处。例如，世界各地的公众都可以通过网络在大型博物院的官网上了解展品信息、观看藏品细节、查阅史实资料等。通过技术的手段，将实体博物馆搬到网上来。通过音频讲解、实境模拟、立体展现等多种形式，让用户通过互联网即可身临其境地观赏珍贵展品，更便捷地获取信息、了解知识。媒体手段实现了现实端、电脑端、手机端的同步展现，让用户随时随地都能感受到历史文化的沉淀，足不出户逛博物馆。

2012 年 1 月，百度百科数字博物馆正式上线，它通过文字、图片、录音解说、立体 Flash、虚拟漫游、高空俯瞰等多种方式，全景展示了各家博物馆的权威信息和独家藏品知识，极大丰富了用户的感官体验（见图 3-11）。两年时间内已上线的百度百科数字博物馆包括中国国家博物馆、三星堆博物馆、云冈石窟、秦始皇兵马俑等在内的 227 家数字博物馆，线上参观浏览人次突破 6500 万。2017 年世界博物馆日百度百科数字博物馆推出秦始皇兵马俑 200 亿像素矩阵全景 +AI 的复原工程。采用矩阵全景技术，收录了兵马俑的一号坑和三号坑的高精度全景图资料。矩阵全景技术是通过拍摄不低于 1000 张的图片，后期通过计算机处理将 1000 幅 3500 万像素的图片拼接成一幅 200 亿像素的超大图片，这种极客精神将兵马俑一号坑内的所有遗迹进行"毫米级"重现，相当于在距离 100 米以外的地方就可看清兵马俑身上盔甲的纹路（见图 3-12）。

图3-11 百度百科数字博物馆

资料来源：https：//baike.baidu.com/museum。

图 3-12 秦始皇兵马俑 200 亿像素矩阵全景 +AI 的复原工程

资料来源：新浪新闻，http：//collection.sina.com.cn/yjjj/2017-05-19-doc-ifyfkqiv6527
005.shtml。

记录生活百态的新媒体成为各大官博出圈的新思路，新媒体是处于发展变化中的，具有传播速度迅捷化、传播内容缩略化等特点，目前各界对于新媒体的定义莫衷一是，但总体来说，可以从"以网络为主体的传播平台、以数字媒体技术为核心的媒介形态"上去理解，即通过数字化、交互性的固定或移动的多媒体终端向用户提供信息与服务的传播形态。微博上宣传、文案、配图、链接，再打上话题标签，如果你打开＃潮流文创季＃的标签看下去，会发现包括国家博物馆、苏州博物馆、河南博物院、奥赛博物馆、卢浮宫在内的数十家博物馆，都在争相展示它们的文创产品，有的还会用文物原型做一番讲解。

在平台的运用上，有更多跨界的玩法。2016 年 7 月，苏州博物馆和国内最大的电商平台阿里巴巴旗下的聚划算以"型走的历史"为主题联合举办了一场跨界"时尚秀"，推出了 24 款苏州博物馆元素定制款服饰，将唐伯虎的字帖、贝聿铭的建筑、吴王夫差的青铜剑等元素运用到 24 款时尚服饰当中，使原本高冷的元素和时尚潮流的服装联系起来，还玩起了直播（见图 3–13）。产品同期在聚划算上线，72 小时之内受到了 6 万多名文艺青年的热抢，一周之内，线上相关问题的讨论高达 1500 多万条。从 2015 年发布新的《博物馆条例》开始，国务院、文化部和国家文物局都在推出博物馆开发文创的鼓励政策。2016 年 6 月，国家博物馆和上海自贸区签约了战略协议，并且和阿里巴巴合作，要用互联网＋博物馆的新模式，给整个博物馆文创开发提供更大的平台。全国博物馆和国家博物馆签署 IP 开发协议，博物馆提供 IP 资源，社会资源可以充分对接，全产业链被互联网打通。

图3-13　苏州国家博物馆和聚划算合作的"型走的历史"时装秀

资料来源：人民日报，http：//picchina.people.com.cn/n1/2016/0708/c364818-28537752.html。

　　目光转换到视频平台，同样能看到文博色彩。2019 年 11 月 8 日，《上新了·故宫》第二季在北京卫视和爱奇艺同步推出。作为第 25 届上海电视节白玉兰奖综艺类的"最佳电视综艺节目"，首季《上新了·故宫》凭借将传统历史文化融入文创新品之中的创新表达，赢得了业界和市场的一致认可。以《国宝档案》《经典咏流传》《上新了·故宫》等为代表的文博类综艺节目从历史故事中汲取营养、从传统文化中寻找灵感，传承推广承载着深厚历史文化的文学艺术作品，凭借着优质的内容、细腻的情感从众多综艺节目中脱颖而出，从简单的文物推介人讲述到明星现场演绎历史故事、拍摄视频短片，再到与现代设计相结合探索文物的文创化路径，花样层出不穷，手段翻新，文化传播的内核不变。

这类历史文化类节目的大火不仅让博物馆行业看到了春天，也为文博文创发掘新型传播手段提供了新的思路和参考（见图3-14、图3-15）。

图3-14　《上新了·故宫》节目海报

资料来源：https：//movie.douban.com/subject/30333950。

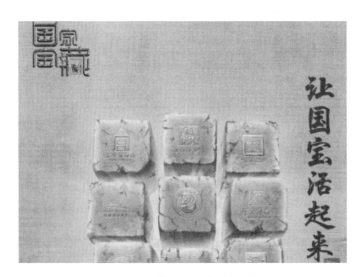

图3-15　《国家宝藏》节目海报

资料来源：https：//movie.douban.com/subject/27186619。

多样的媒体手段不仅为博物馆打造专属 IP 创造了契机，还让人注意到了文化产业的可塑性及其商业价值，从而延伸了"文创"的既定概念，增加了博物馆文创开发的多种可能性，更好地将博物馆文化深入公众的日常生活中。清华大学文化经济研究院和天猫联合发布的《2019 博物馆文创产品市场数据报告》显示，2019 年我国博物馆文创市场的整体规模相比 2017 年增长了3 倍；实际购买过博物馆文创产品的消费者数量相比 2017 年增长超 4 倍。目前，天猫已有包括 2019 年 5 月入驻的大都会艺术博物馆在内的 24 家博物馆店铺，累计访问 16 亿人次，是全国博物馆平均接待人次的 1.5 倍。在新媒体平台影响力扩大的同时，它也带着文物和文化一起走出了博物馆，走向了更深更广泛的民间。

第四节　文物复制还原历史面容

在科技不断发展、全球化进程加快的今天，复制和传播已经成为一种趋势。在许多博物馆、纪念馆中，纸质类藏品数量占有较大的比重，如文献、档案文书、手稿、书法、绘画、报纸等，都是历史真实的记录，是研究历史的原始材料。此类藏品能够保存至今已相当珍贵。在用于展出的过程中，离开了文物库房的存放条件，相比其他藏品而言，这类藏品非常容易损坏。例如，潮湿、虫蚀、灰尘，光照等会引起纸张变脆、破损、褪色、霉变、字迹消失。因而，在藏品状态尚处良好的情况下，做成复制品，以替代原件展出，可以让原件在文物库房适合文物的稳定的保存环境下，延长原件的收藏期。《中华人民共和国文物保护实施条例》第四十六条明确指出，"复制、拍摄、拓印馆藏文物，不得对馆藏文物造成损害"。因此，法律要求文物修复工作者要运用更多高新技术手段，在保证文物绝对安全的前提下完成复制工作。

我国博物馆有着丰富的馆藏，但是由于展厅面积的限制，导致我国目前展出的文物数量有限，而目前即使通过出版画册也不能有效地解决此问题。并且目前破损文物较多，根据"全国馆藏文物腐蚀损失调查"，目前我国 3200 余座国有博物馆中，有近 50.66% 的馆藏文物存在不同程度的腐蚀损害，重度以上腐蚀的馆藏文物达 230 多万件，占被腐蚀文物的 16.5%。

在修复器物残缺部位时，传统的工艺是用打样膏或硅橡胶对文物器物直接取样、翻模，然后对残缺处进行修复。但是在某些特殊的案例中，例如修复质地疏松的陶器时，传统的翻模方法便不适合直接在其表面进行操作了。随着现代科技的迅猛发展，可以做到在不直接接触文物器物的前提下，通过高科技技术手段，如三维立体扫描、数据采集、建模、打印等，将复制件及残缺部分打印、复制成型。此类翻模方式不仅节省材料，提高材料利用率，可快速精准成型，更重要的是大大避免了翻模时直接接触文物而对文物本体造成的二次伤害。

3D 打印，即三维打印、增材制造，也称作快速成型技术（Rapid Prototype），诞生于 20 世纪 80 年代后期，它是基于材料累加原理的快速成型操作过程，将计算机中的三维模型通过向物品分层添加材料来创造出实物的一种叠层制造技术，具有不受零件复杂程度限制、完全数字化控制等特点，较好地保存了文物的细节信息，采集信息完毕后可以在任何时间复制文物。借助 3D 虚拟建模功能，3D 打印技术还能将文物的三维形象放在博物馆的官方网站上进行虚拟展示，或将博物馆建筑及馆藏文物进行实景复制，制作虚拟博物馆。虚拟博物馆场景中的文物都为实体博物馆中真实存在的文物 1∶1 还原制成。此虚拟博物馆可随时"搬"出去做展出，这也能最大限度地发挥博物馆的藏品传播作用，可以不受时间、地点限制进行展示，也不存在被毁坏、被偷窃的危险，观众也可以 360° 观察器物及其细节。

2017 年，极端组织武装分子在叙利亚地区破坏了众多博物馆与遗址，文物被损毁、丢失，流入黑市者不计其数。为了谴责这一行为，欧美高校与博物馆合资组建的数码考古学研究所 (IDA) 用全球最大的 3D 打印机复制了叙利亚贝尔神庙的拱门，并在英国与美国的广场上公开展出。这一复制品重 11 吨、高约 6 米，大约是原始纪念碑大小的 2/3，采用原始图像、3D 技术由埃及大理石制成（见图 3-16）。

2012 年 12 月至 2013 年 11 月，江苏扬州考古发现了隋炀帝墓及隋炀帝萧后墓，在萧后墓中出土了保存相对比较完整的冠，可谓目前中国考古发现等级最高、保存最完整的冠。出土于江苏扬州的萧后冠在墓中被放置在棺椁外东南侧的一个腐朽的木箱中。鉴于该冠的重要性、复杂性和脆弱性，扬州市文物考古研究所护送萧后冠至陕西省文物保护研究院，合作开展清理保护。

图3-16 3D打印的凯旋门

资料来源：https：//pcedu.pconline.com.cn/1019/10198407.html。

在常规的清理之外，专家们运用了多种现代科技综合"对症下药"。譬如，以X光透视发现了萧后冠的中梁、侧梁等基本结构，明确了异于文献中皇后冠12棵花树的记载，萧后冠竟然有13棵花树，鎏金铜质的材质使其整体上光彩熠熠。但萧后冠保存太差，先后5次集中了相关领域专家"会诊"，目前也不能完全清理出来，留下一些资料等待未来条件具备，再展开新一轮的实验室考古与保护。因此，目前复原的萧后冠，不能说是科学意义上的完全复制，而是主体结构基本一致的仿制（见图3-17）。

在扬州举办的《萧后冠实验室考古与保护成果展》上，展出了萧后冠原尺寸3D打印树脂模型。这个模型能清晰地展现出萧后冠与放置在一起的器物，可以告诉观众萧后冠在最初发现时的原始状况。3D打印技术可以将一些动态的过程实体化，这样以实体的模型展示代替了传统的图片展示，能让观众获得更为直观的感受。这一技术在文物复制中的应用，也能发挥现代科技在传承中华优秀传统文化中的独特作用。

3-17　萧后冠原尺寸3D打印树脂模型

资料来源：http：//collection.sina.com.cn/exhibit/zlxx/2016-09-19/doc-ifxvyqvy6727149.
shtml。

第四章

打破时空的对话

Have you ever had a dream，Neo，that you were so sure was real? What if you were unable to wake from that dream? How would you know the difference between the dream world and the real world?

你是否曾做过这样的梦，尼奥，梦中的一切真切得如同真的一样？要是你无法从这样的梦中醒来会怎么样？你怎么确定自己能分清梦幻世界与真实世界？

——电影《黑客帝国》

第一节　看见亿万年前的世界

　　现代博物馆是"教育导向"，通过展品陈列，促进公众的文化教育和学习；未来的博物馆将是"体验导向"，除了收藏和教育功能外，更多地要研究观众参观的动机、需要、期待和体验。博物馆中，借助数字技术以物理和非物理的信息表现方式，从感觉、听觉、触觉的角度可以使文物可观、可鉴、可触、可知、可玩，能够还原文物在历史现场中曾经的鲜活与生动。首都博物馆曾开启了一场"王后·母亲·女将——纪念殷墟妇好墓考古发掘四十周年特展"，特展现场 VR 技术一显身手，将那一时期的建筑及大量文物进行科学复原，向观众生动地展示了妇好墓的建筑构造以及下葬的全过程。中国测绘科技馆借助数字技术与实体沙盘，把枯燥的地质变化转化为生动的语言来给观众讲解。天水民俗博物馆则使用异形投影技术，在模型上依次幻化出不同角色的秦腔戏剧脸谱图案，观众还可以自己动手制作戏剧脸谱并打印出来作为留念。在这里，历史不再仅是教科书上的文字只可意会，而是可听、可见、可感。

案例一 在游戏中重回冰河世纪

数字媒体技术的发展和成熟，让人们认识到这种新媒介在博物馆展陈传播上的优势，融合博物馆的文化特点，结合概念设计、内容制作和各种数字科技，例如触控交互、体感交互、3D Mapping、动态投影、VR/AR/MR、全息成像、多通道投影拼接融合技术等打造沉浸式体验，成为博物馆发展的趋势。

英国威尔士三一圣大卫大学第四纪科学家 Michael Walker 说："地质年代表是人类杰出的研究成果之一。"地质学家花费了连续数个世纪的艰苦地层工作，把全世界主要岩石种类相匹配，并把它们的形成时间按年代顺序排列，以此搭建出支撑研究地球整个历史的有序的结构框架。地球起源与演化、生命起源与进化，太古宙时期（40 亿年前~25 亿年前）火山爆发岩浆横流，地壳活动频繁，氢和氧形成的液态水逐渐汇聚形成海洋，空气中弥散着二氧化碳、甲烷、氮气等可以化合形成有机物的物质，最早的生命在这样的条件下开始形成，地球进入地质时期。河北省东部滦河流域迁西县出土了我国最古老的岩石——距今约 36 亿年的麻粒岩，预示着华北板块开始萌芽。

在负责记录、保存、展示最遥远、最原始的地质史的博物馆内，如何从一捧土、一块岩石、一个微生物标本中将生命的起源与发展讲给参观者，需要布展者更为精心的设计。在河南省地质博物馆内，设有常规地球厅、恐龙厅、生物演化厅、古象厅、矿产资源厅、地质环境厅、矿物厅、4D 动感影院（多功能厅）和地震海啸感受剧场，馆外有矿石林、科普广场、恐龙雕塑等。馆内收藏了省内外地质矿产、古生物、矿物标本 5 万多件。展厅内循环播放有针对河南地域特色原创的《地质·河南》等 16 部三维动画影视、幻像，设有《大陆漂移》等 18 部多媒体查询系统，《河南地质遗迹搜寻》等寓教于乐、供游客参与的互动项目，以及喀斯特地貌、冰川、碧水丹霞、溶洞、露天采矿、金矿洞等 30 余处仿真度很高的景观模型。

在地球厅，除了地球的演变、地质的变化、太阳系的八大行星等地球和宇宙知识介绍，参观者还可以亲手操作古大陆的聚合分离，恐龙厅中《与恐龙赛跑》《与恐龙比体重》《恐龙拼图》等互动项目则非常适合孩子玩乐学习。走进这些展厅，参观者可以通过虚拟现实人机交互设备对视曾经的地球霸主恐龙，或者捡起数万年前的一片银杏叶。参观者还能亲眼看到广泛采用的声光电、仿生、多媒体、虚拟现实等现代化辅展手段，一批高仿真度的景观模型，惊险刺激、寓教于乐的互动参与项目，集科学性、科普性、系统完整性为一体的通俗易懂的科学标示系统，深深地吸引和打动着观众（见图 4-1）。

图4-1　河南省地质博物馆展品

资料来源：https：//www.sohu.com/a/394221143_421249。

案例二 在虚拟博展厅里走进千年古迹

虚拟展厅是运用虚拟现实技术、三维图形图像技术、计算机网络技术、立体显示系统、互动娱乐技术、特种视效技术，将现实存在的实体展厅以三维立体的方式完整呈现于网络上。具体来说，就是采用互联网与机构内部信息网构架，将传统博物馆的业务工作与计算机网络上的活动紧密结合起来，构筑博物馆大环境所需要的信息传播交换桥梁，将枯燥的数据变成鲜活的模型，使实体博物馆的职能得以充分实现。

虚拟博物馆结合了 VR 技术、互联网技术、三维建模技术等多种虚拟现实手段，并采用 Web 端在 H5 页面的方式运行，只需一个普通的域名链接就可以在线畅游虚拟纪念馆，甚至可以和艺术家直接互动交流参观数字展厅的感想，用户可以通过商迪 3D 提供的链接在 PC 端和移动端直接观看自己的虚拟文物古迹。

3D VR 数字纪念馆技术是利用虚拟现实技术打造一个真实的三维环境，可以体验虚拟世界的 3D 引擎。观看 VR 博物馆的用户还可使用各种设施设备，利用先进的数字化沉浸式体验技术，现实与虚拟环境相互作用，产生 3D 视觉效果的强烈冲击，让所有的观众都能够感受到科技带来的不一样的世界。这类展厅往往是基于真实场景或物体，通过拍照、测量，以及三维建模、扫描、全景图渲染等技术方式实现，然后遵循室内设计标准，对场景或物体进行真实的"三维重现"，更有融合 720° 自由度全景照片、遥感影像、3D 模型、3D 立体投影等多项虚拟现实技术和多媒体技术，实现强大互动。参观者在端口浏览如身临其境，构成一个经济、高效、虚拟效果优秀并可以通过互联网、视频、光盘等各种媒介传播的虚拟现实场景。3D虚拟数字全景博物馆技术是2020年迅猛发展并且逐步有更多人接受的虚拟浏览技术，让人足不出户即可体验各类国家上下五千年的历史文化底蕴，本质上是根据虚拟现实技术来实现3D建模技术，以全景扫描技术方式展现线上博物馆，实现良好的展示效果和身临其境的互动体验（见图4-2、图4-3）。

图4-2　3D VR数字纪念馆

资料来源：https：//blog.csdn.net/yikeson/article/details/111478398。

图4-3　3D VR数字纪念馆

资料来源：https：//blog.csdn.net/yikeson/article/details/111478398。

全景虚拟展厅，也称实景虚拟，是基于全景图像的真实场景虚拟现实技术，它通过计算机技术实现全方位互动式观看真实场景的还原展示。在播放插件（通常为 Java 或 Quicktime、ActiveX、Flash）的支持下，使用鼠标控制环视的方向，可左可右、可近可远，人们在网上能够进行 360° 全景观察，而且通过交互操作，可以实现自由浏览，从而体验三维的 VR 视觉世界，使观众感到处在现场环境当中，好像在一个窗口中浏览外面的大好风光。

第二节　探索未知与未来

2018 年国际博物馆日，一个以"第一届文物戏精大会"为题的短视频在网上获得数万点赞。视频中，博物馆奇妙夜精彩上演，从青铜器、兵马俑到唐三彩仕女、东汉说唱俑……各大博物馆的镇馆之宝纷纷"复活"。同一天，国家文物局与百度携手发布了"用科技传承文明：AI 博物馆计划"首期成果，一幅承载了 2894 家博物馆信息的数字文博地图上线。根据这一计划，秦始皇帝陵博物院、苏州博物馆和上海市历史博物馆将率先探索人工智能技术和博物馆的深度融合。

根据 AI 博物馆计划，观众今后在参观博物馆时，只需拿出手机扫码，就能与虚拟机器人在线交流，听它绘声绘色地讲述文物故事。AI技术未来还能帮助博物馆对破损文物进行"复原"、再现。虚拟现实技术甚至可以让已经消失的文物"起死回生"。博物馆承载着人类的历史、文化、艺术等记忆，而科技能让人更真切地感受博物馆之美。

案例一 时光隧道带孩子走向未来

四川科技馆是四川省"十五"时期文化设施建设十大标志性工程之一，2006年11月2日正式开馆，总面积达41961平方米。馆内包括航空航天展区、二滩水力发电模型和都江堰水利工程模型、环幕4D影院，以及机械展厅、电与磁展厅、机器人展厅、虚拟世界展厅、时光隧道等展厅，此外还有专门为青少年开设的科技展厅和报告厅（见图4-4）。

图4-4 四川科技馆

资料来源：http://www.scstm.com/。

在这里，主要的参观群体是 8~18 岁的青少年，"以人为本"的设计理念成为博物馆最为核心的设计要素，以儿童为主的科技馆空间设计，娱乐性和趣味性的功能发挥尤为重要。作为一种学习手段的科技馆，呼唤着欢乐性和情感投入。空间的亲切感和对展品的好奇心促使孩子们漫步其中，通过触觉、视觉、听觉等多方面的感知，主动体会获取知识的乐趣。博物馆特别是科技馆为儿童营造出一个全身心的、忘我的场所，使知识的认知变得深入浅出，为陈列空间注入新的活力，让展览变得生动起来，也使参观者直观地了解展示中所包含的信息。科技馆的内部装饰和功能设置要考虑到参观者的体验，应该避免反复、单调的参观模式，鼓励参观者在科技馆主动发现科技信息，激起参观者的好奇心。充分利用各种交互方式，充分利用声光电特效，把参观者带入科技的海洋。这样才能更有效地传递科技信息。科技馆是现代生活中不可或缺的重要城市元素，是一个引导参观者主动走近、了解科技信息的场所，而其中的交互设计方面的应用，能够为科技馆科技信息提供一个高效的传达平台。

科技馆引入的"黑科技"包括空间站、超大型机器人剧场、AR（增强现实）、VR（虚拟现实）技术场景等项目，着力打造全民科学体验中心、普及中心、创新展示中心。和机器人猜拳、航空航天展厅客机虚拟驾驶、360°自行车等项目新鲜又刺激。在"机器人大世界"展厅，拥有闹星人、机器人伊娃、百步穿杨机器人、一心三用机器人、机器人术术、机器人售货店、猜拳机械手、百发百中机器人等众多机器人（见图 4-5）。机器人不仅种类丰富，而且非常智能。游客可通过轻击"伊娃"头部实现互动，叫它"端茶送水"，也可以在机器人售货店通过触摸屏选择用现金、硬币或网络付款等方式自主购买纪念品。在机器人剧场，游客还将欣赏到 6 个手拿鲜花的手臂机器人，在舞台上跟随着音乐摇摆，在它们身后，4 个打扮时尚的机器人分别扮演鼓手、贝斯手、电子琴乐手和主唱，有模有样，开启一场机器人演唱会。整场表演持续 30 分钟，包括飞船组装、击剑、舞旗、舞花等精彩节目。

图4-5　科技馆猜字机器人

资料来源：http：//cd.bendibao.com/tour/2017112/93664_3.shtm。

此外，还有专为低年龄段孩子打造的儿童馆，主要展示自然界的水、风、空气等现象，以及动物的生活习性、植物的特点等方面的知识，让孩子们获得动手、动脑、身心并用的体验，从而越发地亲近大自然。

案例二 云端互动解锁文明密码

2018 年 11 月 30 日,"伟大的变革——庆祝改革开放 40 周年大型展览"网上展馆全面上线。展览的主体部分为六个内容展区,分别是开篇视频《伟大的变革》和《壮美篇章》《关键抉择》《历史巨变》《大国气象》《面向未来》,运用了历史图片、文字视频、实物场景、沙盘模型、互动体验等多种手段和元素,多角度、全景式展示了改革开放 40 年来的光辉历程、伟大成就和宝贵经验,展示了人民群众生产生活发生的伟大变迁,中华民族迎来了从站起来、富起来到强起来的伟大飞跃。截至 2019 年元旦,展览累计参观人数超过 240 万人次。为了应对庞大的客流量,国家博物馆开设了相应的线上展览,方便观众远程参观。

网上展馆以央视网为依托,采用 360°全景和 3D 模型技术手段,运用多媒体互动叠加图文、音视频等多种形式,包括154 张场馆全景图、2163 张展板图片、218 个视频、34 个解说音频与歌曲,以及 1510 个图片与视频热点,囊括了展览全要素,生动再现了"伟大的变革——庆祝改革开放 40 周年大型展览"全貌(见图 4-6)。观众可以通过电脑或手机随时观看展览的全部内容,如同身临其境般感受我国改革开放 40 年来的巨大成就和时代变迁,获得沉浸式、漫游式参观展览的情境体验,同时还可以发表自己的观展感受。网上展馆将与实体展览互相呼应,打造足不出户、永不落幕的展览。

此外,网上展馆设有立体地图,可以实现展区场景快速切

换，点击场景中的热点，即能详细了解图片、文字、音视频等
展项内容。网上展馆运用先进的语音合成技术，生成了全部语
音解说，供网友浏览时选择使用。网上展馆注重互动参与，网
友不仅可以随时发表留言表达自己的观展感受，还能看到现场
观众的自拍和留言。为增强体验感，网上展馆还根据现场参观
路线开发了自动观展功能，点击按钮即可一键智能漫游全部展
区（见图4-7）。

图4-6　《伟大的变革》全景虚拟展厅

资料来源：https：//ggkf40.cctv.com/。

图4-7　《伟大的变革》网上虚拟展览

资料来源：https：//ggkf40.cctv.com/。

第五章

不知疲倦的机器人导览

人工智能是我们人类正在从事的最为深刻的研究方向之一，甚至要比火与电还更加深刻。

　　　　　　　　　　——桑德尔·皮猜 (Sundar Pichai)，2020

第一节　机器人带你畅游博物馆

随着计算机科学技术、人工智能和智能感知等技术的迅速发展，人们的衣食住行和工作生活都因为信息时代的革命而产生了深刻的变化。不难想象，在未来的生活中，智能服务机器人将会成为我们生活中不可或缺的一员。早在科幻电影中，我们就已经看到智能机器人为人们提供服务的场景，这些机器人会打扫卫生、会接送小孩子，还可以做导游，这一切看起来离我们很远，但其实这些场景正慢慢地进入到我们的日常生活中。

三十年前，我国已经出现工业机器人，并为工业制造带来了极大的发展，但是，这些工业机器人都是在生产线上，人们很少见到。而近年来，智能服务机器人不断地出现在人们的生活中，为人们提供各种服务，如某些餐厅中按既定路线行走的送餐机器人、会根据不同的音乐起舞的跳舞机器人、为买票带来了极大方便的自助服务的售票机器人……

博物馆是一个人员体系冗杂、财务支出大、地域局限性强且电子讲解器单一的不完全发展场所。相比智能机器人的研制花费，博物馆中安保人员、清洁人员与讲解人员长期无限制的支出是一笔更大的开支。智能机器人还会为博物馆带来相应利益，大批游客将会因智能机器人的出现参观博物馆，提升博物馆的形象与知名度。机器人可以记忆和呈现大量文物资料，能实时与游客互动，提升博物馆的科技范儿，缓解讲解人员供不应求的压力。《国家"十三五"文化遗产保护与公共文化科技创新规划》中也提到，要利用人工智能技术和人机交互技术，研发可实现自然语言对话的服务机器人，降低人员工作强度，提升服务质量。

案例一　用一双远程的眼睛来参观

2014 年，英国泰特美术馆曾经开展了为期 5 天的"夜幕"活动，让人们在伦敦当地时间深夜 10 点到凌晨 3 点之间，通过网络远程操控四个配备远程呈现的小机器人，在线访问者将有机会引导其中一个机器人，从而进行一些私人游览，足不出户但又身临其境地自由参观正在泰特美术馆展出的《英国艺术500 年》展览。这些小机器人由一家名为 The Workers 的数码设计工作室设计制作，获得了首届 IK 奖（这一奖项旨在奖励科技让艺术欣赏更容易）。每个机器人都有自己的面向前方的头灯，虚拟参观者可以按照他们希望的任何方式聚焦它们，以便更好地观看展示的艺术品，除了不能上下楼梯，这些外表有些像吸尘器的小巧机器人可以在美术馆内部自由来去，像一双双远程的眼睛，人们通过远程指挥机器人参观博物馆的展品，宛如徜徉在夜幕中的泰特美术馆。这些机器人还经过了博物馆地形方面的培训，并具有嵌入式软件，配备的感应器可以使它们避免互相碰撞或碰到馆内珍贵的展品（见图 5-1）。该项目是世界首例使用机器人导览参观博物馆的，前国际空间站负责人克里斯·哈德菲尔德（Chris Hadfield）在体验了泰特美术馆的机器人游览后赞叹"非常神奇"，他表示："你完全忘记了机器人的存在，它变成了你思维的延伸。而这正是科技应该为我们提供的东西。"

图5-1　网络远程操控小机器人（一）

资料来源：http：//art.people.com.cn/n/2014/0813/c206244-25459974.html。

2015 年，美国洛杉矶美术馆旗下的笛洋博物馆（de Young Museum）推出了一对智能机器人，旨在为那些行动不便人士提供虚拟游览美术馆的别样体验。只要家有 Wi-Fi 且信号强度高，纵使无法下床走动，也将有机会犹如身临其境般感受到笛洋博物馆的众多馆藏艺术精品。"机器人小伙伴"是人工手动操纵且实时视频显示，现场参观的游客也可以走到镜头前同远程游客进行互动。"纵使四肢瘫痪且行动极其不便，无论你身居何地，如今的你都将拥有着如同正常人一样的视野与体验，这便是高智能机器人所带来的美妙体验。"工程师亨利·伊万斯（Henry Evans）这样解释自己的作品（见图5-2）。

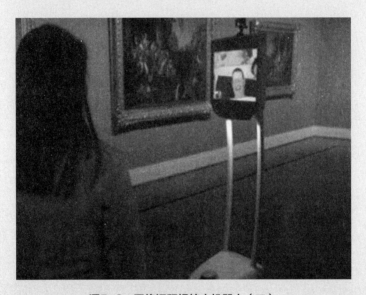

图5-2　网络远程操控小机器人（二）

资料来源：https：//news.artron.net/20150304/n718174.html。

2019年，英国布莱尼姆宫大厅里一位名叫"贝蒂"的机器人亮相。它身高1.52米，是牛津大学下属牛津机器人研究所研制的机器人产品，"头"戴玻璃罩，"脚"绑轮子，能直立行走，可以像人一样在博物馆大厅接待游客（见图5-3）。机器人贝蒂不仅能提供有关布莱尼姆宫的历史信息，回答游客的提问，还能跟游客合拍自拍照，将照片上传至推特并加上 #bettyinthepalace 的标签，借此迅速走红。

图5-3　贝蒂机器人

资料来源：https：//smart.huanqiu.com/article/9CaKrnKhBMr。

案例二　触摸让更多人群"看见"历史

2018年4月13日，4名视障人士受邀参观北京两家博物馆，探索视障人群利用博物馆的新形式。4位盲人代表和2条训练有素的导盲犬在专业讲解员的带领下，用"心"感受北京市石刻博物馆和古钟博物馆为视障人士量身定制的文博体验。这是北京市文物局宣传教育中心举办的"闻·悟北京"系列文博活动之一。在博物馆工作人员带领下，4名视障人士在石刻艺术博物馆亲手触摸东汉石人、清代丹陛石复制品及历代石碑石刻，并体验了拓片制作流程。在大钟寺古钟博物馆，他们倾听了编钟表演，触摸永乐大钟等古钟。活动精心准备了为盲人朋友们定制的解说词，用形象的修辞把原本枯燥、深奥的数字描述、方位讲解变得更接地气。盲人代表作为"翻译官"，把一天的"闻悟"经历通过种类多样的媒体平台，传递给成千上万的盲人朋友和广大公众，让更多盲人朋友们走进博物馆，平等享受社会资源，在文博领域可以像普通人一样接近文物和遗产（见图5-4）。"看不见的博物馆"不仅为盲人朋友提供了定制的文化天地，更为普通人开启了重新认识"司空见惯"的博物馆的契机。通过沉浸式非视觉体验，拓展了思维的疆界，消除了彼此的隔阂，构建了文化命运共同体。

图5-4　首都博物馆线下活动，让盲人触摸3D打印的
文物复制品来了解历史

资料来源：首都博物馆微博。

在我国城市博物馆等公共文化服务体系日益发展的同时，部分群体却很难享受到其带来的便利。公开报道显示，近年来，部分博物馆曾组织过残疾人参观活动，但视障人群却鲜有进入博物馆的机会。事实上，博物馆并不拒绝视障人士，然而常规的展陈方式却难以满足他们的需求，由于没有特殊的讲解和体验，他们会感觉很无聊，他们需要的是能够亲身感知，而不是语言的介绍。

第二节 博物馆中的志愿者

近年来，智能语音交互技术得到了不错的发展，结合深度学习和大数据的技术背景，语音技术已经到了一个里程碑级的水平。例如，我国的科大讯飞的语音技术已经引领世界，带领大家进入智能交互时代。当然，语音技术仍存在很多难题，如远场识别、降噪处理等问题。但可以想象到的是，结合语音技术，一定能让智能服务型机器人更智能化，使其与人的交流更直接、更自然。

"互联网＋"博物馆智能机器人将会通过科研设计，合理运用大数据让讲解具有趣味性，在减少财政支出的同时，引领现代博物馆旅游新时尚。智能机器人可以通过感知要素、行为要素以及思考要素方面的设定，解决游客的疑难问题，播放游客在枯燥无聊之际所点的音乐和舞蹈，利用大数据和人工智能结合，实现智能机器人如同人类大脑决策一样做出相应动作。智能机器人用信息传感器对众多数据进行分析和收集，通过固定模式将数据进行整理，将信息系统化、结构化；通过设定学习模块，利用深度运算和合理数据对智能系统进行完善，从而实现更加精准的讲解与分析。甚至，智能机器人或许会比讲解员交流得更好。讲解员在讲解途中可能会遇到各种刁钻奇怪问题，让讲解员陷入尴尬境地，而拥有海量大数据的智能机器人会收集储存以往游客所提出的问题，将各种问题进行模块整理，经过云计算合理给出问题的答案。这样的志愿者，怎么会不受欢迎呢？

案例一　机器人"影宝"

2017年10月8日，上海电影博物馆开启的探寻中国传统文化之美的"夜场之旅"展览中，讲解导览机器人"影宝"引来了众多大小粉丝，带领观众们走红毯、玩配音、看失传已久的经典美术片，了解上海电影发展史，还可以参与做面塑、玩剪纸、看皮影戏等非遗表演，深入体验民间艺术和海派文化。"影宝"不仅配合主持人组织小朋友们竞猜动画片，只要摸摸它的头，它还会自动开仓，给答对题的小朋友们送上小礼物。实际上，从2017年8月底开始，由Yogo Robot（上海有个机器人）与上海电影博物馆合作开发的讲解导览机器人，就已经开始在上海电影博物馆的一楼大厅进行语音导览工作，目前"影宝"在上海电影博物馆服役已近2个月，可以流畅地按照预设的导览路线自主移动，灵巧地躲避障碍，在到达展台之后，可以进行语音介绍。在整个导览过程完成以后，"影宝"更会乖乖地自主回去充电休息，做到"生活基本自理"（见图5-5）。

据统计，2016年度全国注册登记博物馆总数达到4873座，而在博物馆中采用人工智能机器人进行导览讲解的，上海电影博物馆还属首家，这是机器人自主移动语音导览首次进入国内文博领域。

图5-5 讲解导览机器人"影宝"

资料来源: https : //www.sohu.com/a/197000077_101437。

案例二 你只需要喊"小度小度"

2018年11月29日上午，由百度公司研发的"小度"机器人正式"入职"湖南省博物馆，为游客提供博物馆导览、文物介绍等服务。游客可以与小度进行对话，咨询博物馆导览、文物介绍。除了智能机器人，观众还可以体验百度魔盒、文物图像识别等一系列技术应用。据悉，游客在参观湖南省博物馆时，发现带有"AI图像识别"标识的产品，就可以打开百度APP里的"博识君"直接对文物进行拍照识别，目前已经支持该功能的展品超过130件；《马王堆》的10件展品还隐藏了小彩"AR体验"的小彩蛋，当用户点击这个按钮时，可以在手机上观看由湖南知名主持人汪涵带来的对有关文物的详细介绍，这项技术已应用在 10 件珍贵文物上。小度机器人将成为湖南省博物馆的前台智能小助手，为游客提供博物馆导览、场馆信息介绍、文物介绍、拍照互动、娱乐等智能服务，既无所不知，又会聊天卖萌。

小度机器人依托百度人工智能，集成了自然语言处理、对话系统、语音视觉等技术，能够流畅地与用户进行信息、服务、情感等多方面的交流。2017 年 4 月，小度机器人在《最强大脑》第四季收官之战中获得"脑王"称号，其能力得到了台上台下观众的一致认可。2018 年 2 月，小度机器人亮相央视网络春晚，与主持人妙对飞花令、智对春联，展示了百度强大的 AI 技术。湖南省博物馆"新成员"——小度机器人不仅承担起迎宾的重要角色，还将替代讲解员为参观者介绍文物背后的故事，也是小度机器人能力不断进化的最新成果（见图5-6）。

图5-6　小度机器人

资料来源：https://tech.gmw.cn/2018-11/29/content_32072695.htm。

案例三　"小优友"导览机器人

2019年2月27日，甘肃省博物馆的《甘肃丝绸之路文明》《甘肃古生物化石》陈列主题展投入使用了语音讲解手册和导览机器人两大"神器"。"小优友"导览机器人风趣幽默、伶牙俐齿，还会武术、舞蹈等多种才艺，可以针对不同观众的需求进行自定义讲解，与观众进行语音对话互动。她能够一边"走动"，一边为参观游客讲解甘肃彩陶的历史，每看到一处文物，就自动停下来说一段讲解词，通过与机器人互动，参观者可以了解各展区的情况。机器人的引路功能也可以为参观者提供更多便利。此外，博物馆科普中心还把"小优友"机器人引入《甘肃彩陶》科普活动中，有效提升了博物馆的信息化水平，增强观众参与性，提升博物馆的吸引力，为参观者提供优质服务（见图5-7）。"科技＋人文"的举措让甘肃博物馆人气更旺。

图5-7　"小优友"导览机器人

资料来源：https：//xw.qq.com/cmsid/20210306A007I100。

第六章

数字媒体让大众足不出户
参观博物馆

科学和艺术是一枚硬币的两面。

——李政道

第一节　数字技术实现"云端"藏宝

　　文物，是古老文明为子孙留下的巨大财富，也是激励后世砥砺前行、坚定信念的定盘星。数字博物馆是博物馆将高清数字化技术投入到传统文化资源的活化工作中去。应用内上线的数字化博物馆将各家馆藏的文物通过远程观赏的形式投放到用户端，以更加直观的方式帮助用户感受到文物的魅力，让大众足不出户就可以感受到博物馆的魅力。

　　在呈现方面，数字博物馆通过音频讲解、实境模拟、立体展现等多种形式，让用户通过互联网即可身临其境般地观赏珍贵展品，更平等、便捷地获取信息、了解知识，并实现了电脑端和手机端的同步展现，让用户随时随地都能感受到历史文化的沉淀。同时，百度百科还就博物馆页面元素统一化、模板化，浏览器的通用性，以及页面加载速度等方面做了积极的优化和改进，极大提升了用户的使用体验。

案例一　展览的另一种打开方式

　　2018 年 7 月 11 日，以故宫院藏清代《海错图》为蓝本的"故宫里的海洋世界——海错图媒体综合展"在深圳海上世界艺术文化中心正式开幕。该展览运用数字科技，生动再现了聂璜笔下妙趣横生、多姿多彩的海洋生物世界。展览以奇幻、玩乐、探索为主要概念，以画谱作者聂璜的考察路线为脉络，带领观众穿越时空，跟随聂璜信步海滨、走访渔市，探究舶客、旅人、渔民口中笔下的谜之生物，见其所见，闻其所闻，思其所想，体会隐匿于《海错图》图文之下的中国古代海洋世界观，与中国古人展开一场跨越时空的对话（见图 6-1）。

图6-1 《海错图》虚拟展览

资料来源：https：//art.163.com/19/0713/08/EJV1JS5L00997VCT.html。

故宫博物院 2019 年 7 月推出包括"数字文物库"在内的数款数字产品，借助先进的技术手段，挖掘数字文物新价值。"数字文物库"在公开 186 万余件藏品基本信息的基础上，首批精选了 5 万件高清文物影像进行公开。"数字文物库"涵盖 26 大类文物，超过 186 万件/套文物基础信息，5 万张精选文物影像，并且后续还将不断增加，满足大家博古赏新、学习研究的需求。在"高级检索"中，可以通过输入关键词、选择文物分类及朝代，比较精准地查询自己想找的文物信息（见图

6–2）。以《清明上河图》为例，打开它的详情页，不仅可以看到相应的文物号和年代，更能点击放大镜按钮，详细欣赏各处细节。这一产品在满足故宫文化爱好者和专家学者欣赏、学习、研究文物需求的同时，也将为文物保护工作提供支撑。

图6-2　故宫数字文物库

资料来源：https：//digicol.dpm.org.cn/。

此外，官网全新改版上线的"全景故宫"已涵盖故宫所有开放区域，打开网页，壮美紫禁城尽收眼底。未来，"全景故宫"还将通过记录不同季节、天气、时间的故宫，为古建筑打上"时间的烙印"，"紫禁城600""数字多宝阁""故宫：口袋宫匠"等数字产品也同步推出（见图6-3）。

2020年3月，中国国家博物馆开启"永远的东方红"云展览，利用三维建模、全景漫游等数字技术在虚拟世界搭建出一座浸入式展厅，以种种高科技手段拓展着人们的观展体验。展览展出卫星、手摇计算机等十余个展品的3D模型，供观众欣赏、互动；几款H5小程序也适时推出，邀观众或在五线谱上奏响《东方红》，或"穿上"航天服与"东方红一号"合影留念。

图 6-3　数字故宫小程序 VR 全景

东方红云展在虚拟展厅创意开发了多个热点互动环节，启幕 &
导览 5G 直播在 9 家平台 20 多个端口同步进行，开启了博物馆
"云策展 +5G 直播导览 + 沉浸体验 + 深入参与 + 线上互动"的
智慧时代，用新媒体新技术将数据资源转化为云端文化"新供
给"，引领文博"新业态"（见图 6-4）。

图6-4 "永远的东方红"云展览

资料来源：https://mct.gov.cn/whzx/zsdw/zggjbwg/202004/t20200430_852901.htm。

　　陕西历史博物馆是中国第一座大型现代化国家级博物馆，
是首批中国 AAAA 级旅游景点。2020 年 7 月，陕西历史博物
馆与中国移动通信集团陕西有限公司签署了 5G 发展战略合作
框架协议，双方将在"5G+ 文物通信""5G+ 智慧文旅"等领
域联合开展更深度的交流合作。5G+ 博物馆的新模式将带领观
众体验文物 AR 展示（见图 6-5）、VR 体验、云上博物馆、智
慧博物馆、5G+AR 博物馆智慧票务，感受传统文化与现代的有
机融合。

图6-5　文物AR展示

资料来源：http：//www.hongbowang.net/news/yj/2020-07-30/17281.html。

　　智慧博物馆是超越传统博物馆和数字博物馆的"博物馆3.0"版本。通过引入人工智能、物联网、大数据、云计算等颠覆传统的展览体验，让展览、文物、知识与参观者之间发生奇妙的"化学反应"。专家指出，人工智能将在三大领域带来变化：一是数字化管理，即对博物馆藏品、观众等信息实现精细化管理；二是数字化服务，即通过互联网向观众提供无所不在的服务；三是数字化体验，即让观众以前所未有的方式参观展览、感受文物、获取知识，即智能管理、智能服务和智能体验。

案例二　手机里的"镇馆之宝"

　　大数据和"互联网+"时代，智能手机融入了我们生活中的方方面面，以至于 APP 成为了人们生活中的必需品，给当代人的生活带来了显著的改变。如果你打算去参观博物馆，一些手机应用就是最好的导览，里面的展品分布、地图、最受欢迎的步行参观路线等信息，能帮你省下大量的时间。如果你并不想去实地参观博物馆，手机里浏览镇馆之宝也是一个不错的选择。在手机端下载一个小程序，知识问答智能机器人就会回答关于文物的各种相关知识。有智能机器人做自己的专属"导游"，不出家门逛遍各大博物馆，不排长队就能观赏镇馆之宝，这些梦想或许并不遥远。

故宫博物院于 2017 年以"微故宫"APP 为主导，结合线下端门实体空间，推出"发现·养心殿主题数字体验展"，以"养心殿的一天"为主线，充分利用端门数字馆现有的各项数字设备，以及多年积累的养心殿相关数字资源，选取养心殿生活中最贴合当代生活的政务、文化、起居等活动，利用"端门数字馆"导览小程序串联起线上、线下，让观众通过互动、游戏的方式，穿越历史，度过在"养心殿的一天"。通过图文、微视频等方式持续介绍养心殿在历史中的变迁故事，线上、线下相结合，打造故宫里的 O2O（见图 6-6）。

2021 年春节期间，微信红包封面走红，各大博物馆也借机蹭了一波儿宣传热度，纷纷推出带有"镇馆之宝"的牛年红包封面，同时还上线了"百牛贺岁——紫禁城里的牛文物"数字专题，滑滑鼠标、点点屏幕，五牛图、十二生肖牛、青花牧牛图瓶、石湾窑牛式花插、青金石牧童骑牛等 125 件故宫牛文物就能呈现在眼前，能多倍放大，分毫毕现。2 月 10 日，腾讯博

图6-6　养心殿互动大屏幕

物官携手《中国文物报》联合发起"百'牛'拜年：博物馆里过大年"新春系列活动，将40多家文博机构的百余件"牛文物"搬上云端展厅，并且和国内十大博物馆联动上线"测测你牛年有多牛"互动H5，发放定制"牛国宝"红包封面（见图6-7）。在大年初五，腾讯博物馆、《中国文物报》、微信还联合国内多家博物馆，带来了一场关于"牛文物"的博物馆云端直播。

　　广东省博物馆"指尖粤博"APP，参展游客只要动动手指，轻轻一划，就可以在各大App Store平台下载。"指尖粤博"APP由广州欧科信息技术股份有限公司提供技术支持。在"指尖粤博"APP界面中，通过一部手机，即可轻松实现参观导览、展览介绍、活动详情、展品预览与门票预订等服务，点击"服务"按钮后，又可以根据自身需求，有选择性地制订包括预约讲解、

图6-7　故宫拜年红包

咖啡餐饮、接待休息等在内的个性化专注服务。相较于传统的导览方式与导览设备，APP形式更加灵活。观众来到博物馆后，可以通过"自定义路线"按钮对自己的参观路线进行个性化制定，进而通过可视化的模式有选择地参观博物馆，既实现了实时定位与参观，又可以根据自身需求有选择性地即时优化参观路线与内容。展品的各种详细信息，从尺寸参数、出土年代、所属门类到背后的故事应有尽有，精彩纷呈（见图6-8）。

图6-8 博物馆手机APP

第二节　多媒体交互带你身临其境

　　虚拟陈列是在没有实体展览的情况下，通过展品虚拟化和陈列手段数字化，将陈列展示到互联网上供观众参观浏览的富媒体网络互动平台。虚拟陈列可打破博物馆传统陈列的时空、展示手段、资金等方面的限制，观众仅需点击一个网页链接，便可通过浏览器参观到博物馆的相应陈列，实现博物馆的教育功能。同时，虚拟陈列的展示时间更长、展品数量相对传统陈列也大大增加，可随时延伸拓展，对博物馆的宣传教育实现更好的补充。

　　博物馆传统展示以实物陈列品孤立展示为主，配合简单图片、声音和影像还原片段。很多观众期待看到陈列品形成、应用以及未来发展方向等多个不同自然历史环境下的场景复原。博物馆陈列品展示为了克服陈列品孤立展示的问题，通过场景模拟再造的方式还原陈列品所处的自然历史环境。这种方式把陈列品所在的自然历史环境场景进行复原，还原真实自然历史场景中的陈列品，让原本的陈列品实物变得更加丰富立体，展示出真实的自然历史画面感。随着计算机互联网科技的进步，特别是在数字媒体发展应用的背景下，基于虚拟现实人机交互设计的展示应用，不仅可以让观众走近陈列品并与其产生互动交流，还可以生动展示陈列品形成的自然历史画面（见图6-9）。

图6-9 虚拟展馆

虚拟现实人机交互设计在自然历史博物馆展示陈列中，不断融入声、光、电等多媒体交互技术和数字媒体交互设计方式，把幻影成像、虚拟现实影像、三维动态图像等数字媒体新手段融入传统展示内容中，通过合成新的虚拟现实内容展示陈列品的自然历史情景和场景。虚拟现实人机交互设计进行陈列品的模拟造景展示，博物馆陈列品可以在展示的过程中通过陈列品实物激发观众的参与性，让观众在模拟造景中更好地进行参与式学习，还可以体验陈列品在不同自然历史情境下的状态，以及现在和未来使用价值的自然历史画面。通过陈列品实物展示配合虚拟现实模拟造景方式展示陈列品，让陈列品展示更加真实，让观众获得关于陈列品所在自然历史情景中的无限想象成为可能。

案例一　戴上眼镜，走近新的时空

随着虚拟现实技术的发展，VR/AR 博物馆也闯入了人们的眼球，给人们带来了新的体验方式。世界四大博物馆之一的大英博物馆在 2015 年就已经尝试虚拟现实展览，并与三星公司合作推出第一个虚拟现实访问体验，参观者可以戴上三星 Gear VR 回到青铜时代，游客使用三星提供的虚拟现实头盔，能够以虚拟现实方式探索青铜时代的特色网站，查看博物馆藏品的 3D 扫描图像。大英博物馆的 Micropasts 项目已经开始使用 3D 扫描，创建扫描对象的开放数据源，并让游客探索藏品过去的用途，这些可以用虚拟现实方式探索的藏品包括在英国格洛斯特郡发现的远古金手镯，目前被视为英国珍宝。虚拟现实技术也将让游客通过灯光和气氛体验青铜器时代，参与古人的各种仪式，包括祭祀太阳的仪式等。除了虚拟现实体验，参观者还可以试用三星 GalaxyTab10.1 平板电脑，获得身临其境的体验（见图 6-10）。

2017 年大英博物馆与 Oculus 合作开发了一款强大的 VR 应用，推出了一种全新的互动展览方式。这款应用支持 Oculus Touch 控制器，用户通过 Oculus Touch 控制器就可以查看各种来自大英博物馆的收藏品，用户还可以和各种收藏品互动，感受真实触摸的感觉（见图 6-11）。Web VR 体验基于 Oculus 的 React VR 技术，采用高分辨率的 360 照片和多种体验内容（包括专家的音频解析和高亮物体的交互式 3D 模型）制作而成。通过使用任何电脑或者移动设备都可以为用户提供出色的数字体验，而使用 VR 则为用户提供充分的沉浸感，参观者能够切身地体验到震撼的博物馆。

图6-10 虚拟现实中的青铜时代

资料来源：https：//www.sohu.com/a/26024487_195134。

图6-11 大英博物馆中人们正在使用VR眼镜参观

　　2017 年，英国约克郡博物馆与大英博物馆合作举办名为《维京人：重现传奇》的大型 VR 展览，用 VR 演示了约克大学和谢菲尔德大学的考古新项目。考古学家发现了一个面积 55 公顷、相当于 75 个足球场规模的营地遗迹，不仅包括军队，还有妇女、儿童、手工业工人和贸易商的足迹，比那个时期的大多数城镇强好几倍。他们用 VR 再现了当时的营地生活。戴上头显，游客将被运送到公元 872 ～ 873 年的维京人营地，并且参与到战争的准备中。游客甚至可以看到战利品被销毁，工人在修理船只，士兵们在玩儿当时最流行的棋盘游戏等画面。该项目是世界上第一个用 VR 来重现维京人世界的项目（见图 6–12）。

图6-12　《维京人：重现传奇》的VR展览

资料来源：https：//www.sohu.com/a/141719920_449135。

　　2019 年秋季，巴黎卢浮宫博物馆在其举办的达·芬奇展览中运用虚拟现实技术展示名画《蒙娜丽莎》，以此来纪念这位文艺复兴艺术大师逝世五百周年。这个名为"蒙娜丽莎：玻璃之外"（MonaLisa：Beyond the Glass）的项目是该博物馆首个虚拟现实作品。此前，想要去卢浮宫参观这幅画的人能够与它近距离面对面的时间不超过30秒，除了参观人数实在太多外，她前面还罩着坚实的防弹玻璃。通过X扫描、红外线扫描、折射数据等各种高科技手段，结合卢浮宫的研究，在蒙娜丽莎的VR世界里，你不仅可以观赏到这位女士的3D立体模样，了解她的创作历史，还可以更细致入微地观察她的眼睛、鼻子、发丝、衣服的材质和褶皱……亲自去发现、体验蒙娜丽莎到底是谁（见图6-13）。

图6-13　蒙娜丽莎：玻璃之外

资料来源：https：//www.topys.cn/article/29603。

2019年6月22日上午，由国博（北京）文化事业中心、陌博国际文化传媒股份有限公司联合主办的"心灵的畅想——

梵高艺术沉浸式体验"在中国国家博物馆拉开序幕。沉浸式
体验采用全新的 360° 全景全息视频影像技术，完美还原梵高
200 多幅原作，带领观众体味一场多感官艺术盛宴。与以往不
同的是，在 1500 平方米的体验厅里，共分设九大区域：梵高
生平序厅、沉浸式主厅、星空沉浸式厅、花瓶投影厅、纪录片
放映厅、梵高卧室还原厅、互动绘画体验厅、VR 体验厅、梵
高艺术衍生品商店。这些丰富多样的内容和形式，打破固有模
式，引导沉浸式体验向更加多元、互动的方向发展（见图 6-14、
图 6-15 ）。

图6-14　虚拟梵高画作

资料来源：https：//www.sohu.com/picture/322617894。

这次全息视频影像作品及音乐授权由比利时 Exhibition Hub
SPRL 提供。实景卧室还原了梵高 1888 年在法国阿尔勒的这
间对他有着特殊意义的温馨小屋，观众置身其中，可以深刻体会

图6-15 虚拟梵高展

资料来源：https：//www.sohu.com/picture/322617894。

其鲜明的色彩、非凡的透视效果。沉浸式主厅充分利用声光技术，将逾百幅梵高名作还原成 3D 场景，真实再现梵高强大又富有张力的笔触手法，现场，梵高作品中的肖像们悉数"复活"，画中的主角互相抚摸手臂，盛开的杏花从画框中脱颖而出……伴随影像还有激荡人心的原创音乐，观众在放飞心灵的畅想中品味梵高艺术的美感。互动绘画体验厅中集趣味性与创造性为一体的亲子互动，让孩子们尽情地发挥想象力和创意，大胆运用各种材料和美术表现形式进行创造。VR 体验厅结合当下 VR 前沿科技，立体还原展示梵高生平创作的地点，使观众与场景内容进行实时交互，从而增强观众的存在感及真实感（见图 6-16）。

图6-16　梵高印象派大师之旅VR展厅

资料来源：http：//nsstar.com/news/info/374.html。

案例二　"体验经济"下的参观延伸

2017年，谷歌文化研究所（GCI）与大英博物馆进行合作，推出了虚拟版本的大英博物馆，虚拟版大英博物馆囊括了该博物馆的9层空间和85个永久展厅。这意味着，世界各地的人们只需要移动鼠标就能以虚拟实境的方式进入远在英国伦敦的博物馆并赏鉴里面丰富的馆藏品。进入该虚拟博物馆，可以自行选择目的地并操作，用户自由穿梭于该博物馆的各个展厅，浏览其中的近8万件文物（仅占该博物馆全部文物的1%），而且还可以通过GCI的微博功能仔细观察其中的某些文物。有超过4500件艺术品和文物被高分辨率拍摄并附上了详细描述，用户可以将其放大，仔细观察它们的细节并了解其历史背景。由于拍摄工作都是在博物馆关闭之后才进行的，参观过程中不会出现其他参观人员的身影，相当于虚拟博物馆只为你一个人开放（见图6-17、图6-18）。

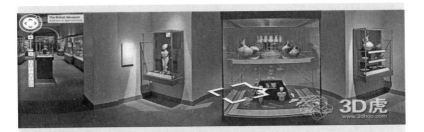

图6-17 大英博物馆虚拟实景

资料来源：https：//www.chinatmic.com/360_Panoramic/show/741.html。

图6-18 虚拟博物馆中的细节实景

资料来源：https：//www.chinatmic.com/360_Panoramic/show/741.html。

与互联网跨界融合之后，"文博＋科技"对于实现社会效益与经济效益的统一、引导新业态下观念的转变有着重要的积极意义。文博资源扮演的是优质原创 IP 的角色，在互联网环境下，博物馆不仅可以在现实中创办展览，也可以在网络的虚拟空间中创办展览，供观众欣赏、参观，深入挖掘文博产品的文化内涵，才能更好地以技术、营销等手段发展"体验经济"。2020 年初，受到新冠肺炎疫情的影响，博物馆的线上展览、直播等活动显得尤其"出圈"。互动小程序、与"主播"互动……

人们越来越感觉到，"云刷馆"正在成为流行趋势。北京地区博物馆有94项主题活动陆续开展，其中包括博物馆全景展示、数字展厅等50项云展览，以及云游博物馆、文物观赏等15项直播活动。

2020年初，国内八大博物馆集体上淘宝直播开馆，为疫情中的游客提供了丰富多彩的"云春游"体验，半天之内1000多万人网上围观，甘肃省博物馆的铜奔马、敦煌研究院壁画也走进了直播间。抖音、淘宝、腾讯、快手等大型互联网平台相继举办"云游博物馆"直播活动，全国几十家博物馆参与，网友反响热烈，单日观看量超过千万。作为闭馆期间博物馆提供文化服务的一种新方式，直播备受观众欢迎和社会关注，已成为文博行业数字化发展的新趋势（见图6-19）。3月14日晚，西安碑林博物馆讲解员白雪松在淘宝直播平台完成第五场直播，观看量30多万，点赞数超过340万。自2月23日首开直播以来，白雪松因幽默生动的讲解方式在网上走红，被网友称为"文博界李佳琦""西安窦文涛"。在此之前，西安碑林博物馆的知名度并不算高。白雪松直播火了之后，很多网友对这家深藏不露的国家一级博物馆产生了兴趣，纷纷留言说等恢复开馆就要去参观。其淘宝官方店铺粉丝数增长至2.5万，相关拓片、字帖等商品销量也大幅提升。

网络技术越发达，人们则会越珍惜现场体验。疫情之后，人们的生产生活终将重新回到正轨，博物馆直播很大可能会作为一种新的共处情境成为一种常态，进而影响人们的艺术感知和审美体验。云上展览、线上直播，打破了时间、空间的界限，

图6-19 中国国家博物馆直播现场

加速了公众、博物馆、文物三者间的连接，实现博物馆文物资源共享，让文物活起来的同时，也实现文物数据的云端留存。数字技术让大家在家也能近距离接触文物，推动文化普及，助力文化遗产的创新、保护和传承。疫情防控为博物馆利用数字技术提供了机会，博物馆如何抓住这个新机会，如何运用数字技术为公众提供更具针对性的个性化服务、为民众提供参与知识构建和创新的活动，这是博物馆在数字技术时代的挑战。

第七章

把文物"找回来"还要"送出去"

两千年前的秦人已经消失了，他们变成了泥土，成为了支撑我们站立的大地，但是他们从未远离过我们，因为他们那个时代造就的血脉还依旧在你我的身体里奔流着。我们祖先给我们留下的这一尊尊兵马俑，就是一个一个的路标，它标明了我们来时的方向。当我们回望的时候，我们可以看见家的方向；当我们前行的时候，它又在提醒我们，我们是谁，我们要成为谁。

——《国家宝藏》

第一节 3D 打印让文物回到博物馆

3D 打印是快速成型技术的一种，又称增材制造，它是一种以数字模型文件为基础，运用粉末状金属或塑料等可黏合材料，通过一层又一层的多层打印方式来构造物体的技术。其通常是采用数字技术材料打印机来实现的。模具制造、工业设计常将此技术用于建造模型，后向产品制造的方向发展，形成"直接数字化制造"。在一些高价值应用中（比如髋关节或牙齿，或一些飞机零部件）也已经有打印而成的零部件出现。该技术在珠宝、鞋类、工业设计、建筑、工程和施工（AEC）、汽车、航空航天、牙科和医疗产业、教育、地理信息系统、土木工程、枪支以及其他领域都有所应用。

3D 打印思想起源于 19 世纪末的美国。实际上，3D 打印的概念在 20 世纪 80 年代就出现了。在 20 世纪 80 年代，美国发明家查尔斯·赫尔 (Chuck Hull) 最早从事商业性 3D 打印技术，他就是后来被国际上公认的"3D 打印之父"。最初，这种技术被称为"快速成型"技术。直到 1995 年，麻省理工学院的两名学生将他们改装的打印技术称为 3D 打印 (3D Printing)，自此 MIT 创造了"3D 打印"这个名词，随后 3D 打印便开始在实验室萌芽，随后开始运用在医疗模型、建筑模型等行业和更广泛的领域。

随着 3D 打印技术与三维扫描技术的不断发展成熟，3D 打印在考古、文物修复领域里的应用程度正在不断深化，除了使用高科技激光扫描仪等手段非常精确地描绘出原始文物的形状外，这项技术的数字化本质使数据可以很容易地在全世界存储、编辑和共享。对文化遗产感兴趣的人可以轻松访问这些数字复制品，他们可以从博物馆网站下载图纸，在家里或附近的 FABLAB 用桌面 3D 打印机把它打印出来，甚至能够根据不同受众的需求，定制数字复制品，让人们通过多感官体验来学习、享受和更好地欣赏文化遗产。

案例一 "修复"让三星堆文明重现风采

文博与考古界的许多人很快接受了 3D 打印，如今，世界各国的考古学家已经开始用 3D 打印技术来对文物进行修复和复原，这也让很多珍贵的文物得以重现世间。3D 打印还可以使艺术更容易获取，文物具有脆弱性和历史重要性，博物馆研究、收藏和展示的物品不能被触摸，参观者通常需要隔着封闭的玻璃陈列室才能一窥文物全貌。而随着被动感知技术、智能材料和触觉反馈技术的进步，可以通过计算机模型推算出特定文物在各种环境和情形下的反应参数，用智能材料制作文物复制品，综合触觉反馈技术，模拟出接近于真实的触感。

在过去的十年里，世界各地的博物馆和各种文化机构已经成为 3D 打印的试验场。最著名的数字制作项目之一是埃及帝王谷图坦卡蒙陵墓的复制品，由 Factum Arte 公司制作。该公司称其为"复制品"，可以让游客在不损害原址的情况下观察图坦卡蒙陵墓内部。3D 打印不仅仅局限在博物馆里，Verus Art 使用 3D 打印创建著名绘画的纹理复制品并将其展示给学校，帮助学生触摸复制品并感受原始艺术家使用的精确笔触。美国自然历史博物馆有个青少年项目，内容是让学生把恐龙骨骼化石数字化、3D 打印并组装起来，像古生物学家那样识别生物物种。大都会艺术博物馆的媒体实验室则选择了另一种方式，它用可食用材料打印博物馆文物，比如它会使用巧克力、奶酪、大米等材料，游客可以观赏文物复制品，同时还能大饱口福。2019 年 1 月，谷歌艺术与文化研究所、非营利组织 Cy Ark 和美国 3D 打印制造商 Stratasys 联合宣布在开放遗产项目（Open Heritage Project）上扩大合作，目标是通过 3D 打印等比缩小的文化遗产，让世界各地的重要古迹和文物重现生机。

文物复制有着不断的历史，几个世纪以来，人们一直在用传统的方法制作专门用来给游客触摸的文物复制品。但能够触摸、探索文物的形状，感受它的重量，甚至闻到它的气味，都有可能改变文化遗产体验，毕竟我们感知和理解世界不只是通过眼睛，物体的物质特性也起着关键作用（见图 7-1）。

5·12 汶川地震后，三星堆博物馆承担了多项四川省内可移动文物的保护修复工作，在实际的操作过程中面临着大量对文物翻模补配的技术，而三维扫描和 3D 打印在文物修复技术层面上可获得实际应用。三星堆博物馆馆藏品以青铜器为主，通过三维扫描技术可以采集青铜器文物的现状，了解青铜器今后的腐蚀变化状况，方便馆藏品的日常维护保管。

万人空巷的如织人流使泥塑《收租院》异地展览的问题浮出水面。1973年，为了便于巡回展出，当时的四川省革命委员会拨专款30余万元人民币，成立"四川省《收租院》复制再创作办公室"，以重庆的四川美术学院为基地，由雕塑系师生和原作者作为主要人员，在1965年大邑原址泥塑作品的基础上进行"复制再创作"，通过进一步的艺术处理和加工，至1978年完成了一套玻璃钢镀铜材质的群雕《收租院》作品。

由于前后两次创作的主要创作人员都是四川美术学院的师生，因此这套玻璃钢镀铜作品与大邑的泥塑作品一样被珍视为原作，艺术效果比泥塑更臻精美。该套《收租院》作品采用玻璃钢为基体，表面镀铜处理，1976年曾经获得四川

图7-1 文物复制

3D打印为文物保护研究提供了非常重要的模具信息，有利于文物原件的保护。通过对原文物进行三维扫描获得三维数据，打印出该文物需复制、仿制的模具，利用打印出来的模具进行开模、制蜡、浇铸等工序，最后制作复制品或者仿制品。3D打印可以完成文物保护与修复中文物的模拟修复，可打印放大、缩小、原比例尺寸的文物模型，避免烦琐的器物塑形、仿制、复制工序，方便对该器物进行陈列展示、科学研究等工作，建立文物三维数字化档案。三维扫描仪和3D打印机配合，在器型对称或者制作有规律的青铜器文物上，对文物残缺需修复部位的对称位进行三维扫描，然后打印模具并翻模浇铸补配，最

终完成对残缺文物的修复。

三星堆青铜面具就是一种典型的二分法对称的器物。假如面具一侧的耳部缺失，那么可以使用三维扫描仪采集面具现存的三维数据，根据器物对称的原则，通过三维处理软件将残缺部位的耳部进行还原，获得一个器型完好的青铜面具三维模型，然后将该模型由 3D 打印机按原比例大小打印出来，将原青铜面具和修复完好的面具模型同时在展厅内进行陈列展示，这样观众可以在博物馆的展厅内看到原文物的真实性（见图 7-2）。

图7-2 复原的三星堆青铜面具

资料来源：http：//www.chinadaily.com.cn/dfpd/2013-06/08/content_16590279.htm。

另外，还可以只针对残缺的耳部进行 3D 打印，将打印出来的残缺耳部模具进行开模、制蜡、浇铸，然后与原青铜面具进行补配拼接修复，使青铜面具修复完整。这样避免了传统修复工艺直接在需修复的青铜面具上进行开模和塑形所带来的二次伤害，是对原文物很好的一种保护。复制一件文物的误差不超过 2 微米，即便是专家，不通过特殊仪器，也看不出差别，扫描差不多要两三天时间，打印只需 10 个小时。此外，三维成像系统还可以给文物建三维档案，不管出现什么情况，都可以再造出与原文物几乎一模一样的仿制品。

为获取关于文物的准确数据，使珍贵文物的风采神韵得以代代流传，我国大力支持博物馆数字化建设事业，很多博物馆与文物修复工作者已经开始利用 3D 打印与 3D 扫描技术，让支离破碎的文物"起死回生"，重现光彩。与传统方式相比，利用 3D 打印技术修复文物，往往能够实现无损、快速、精确的良好效果，用时较短且还原度较高。在复制珍贵文物时，首先利用 3D 扫描对文物进行数字化重建并构建文物真实的三维模型，然后通过 3D 打印机将模型打印出来，最后再对复制文物进行包括表面上色、纹饰加工等在内的后期处理。在整个 3D 打印文物修复过程中，因人为碰触而造成文物二次损伤的概率较低，且文物的艺术价值能最大限度地被复原，世人也能更深入地欣赏到古典文物之美。

案例二 "重现"烧毁藏品

人类在历史发展过程中留下来的遗物、遗迹即为文物，文物成为现代人了解过去文明的重要载体。通过挖掘和分析文物，考古工作者能够从远古时期遗留下来的蛛丝马迹中，追溯过去曾经发生的事情。随着时间的推移,很多珍贵的文物已经变得面目全非,如何更好地保存文物、传承人类文明,成为了新时代考古工作者必须面对的问题。

随着 3D 打印技术与三维扫描技术的不断发展成熟,3D 打印在考古、文物修复领域里的应用程度正在不断深化,如今世界各国的考古学家已经开始用 3D 打印技术来对文物进行修复和复原,这也让很多珍贵的文物得以重现世间。作为 21 世纪具有颠覆性的技术之一,3D 打印在文物保护等领域的潜在价值正逐渐被挖掘出来,一些考古工作者开始尝试将 3D 打印技术用于文物复制、残缺文物修复以及文物碎片的拼接等方面,并身体力行加快文物修复进程,使珍贵的文物能够长久留存。2014 年,重庆大足石刻景区就引入 3D 打印技术进行千手观音像的修复。利用 3D 激光扫描获得雕像的相关数据后,按 1∶3 的比例可以打印出雕像的模型。借助模型对雕像头部倾斜状况、眼部神态等进行修复,将会使整个雕像更加生动传神(见图 7-3)。

2018 年 9 月,里约热内卢的天主教大学的研究人员利用 3D 打印技术,帮助巴西国家博物馆"重现"在火灾中被烧毁的众多文物。2000 年,里约热内卢的天主教大学开始与巴西国家博物馆合作,对馆藏的约 300 件文物进行了 3D 扫描。在一场毁灭性的大火过后,拥有超过 200 年历史的巴西国家博物馆陷入一片火海。包括幸存于庞贝末日浩劫中的罗马壁画、古埃及的"Kherima 公主"、巴西的原住民工艺品以及具有 11500 年历史的古埃及圣卢西亚头骨 Luzia 等近 90% 的藏品可能已经被大

图7-3 博物馆复制文物

火摧毁，这座拥有超过200年帝国历史的建筑只保留了外立面。曾经存储在电脑中的文物扫描文件是"再现"博物馆里那些被毁文物的最后机会。最终，里约天主教大学将曾经扫描过的300件藏品打印出来，但与2000万件被毁掉的文物相比仍然是九牛一毛。巴西国家技术研究所和天主教大学的研究人员又与国家博物馆的科学家团队合作建立数字档案和一些最具代表性的作品的三维复制品，数字档案可用于展出新一代复制品，火灾现场发现的原件碎片，可用于建造复制件，希望帮助巴西国家博物馆留住被毁的记忆（见图7-4、图7-5、图7-6）。

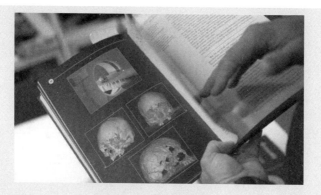

图7-4　文物复原手册

资料来源：https：//www.sohu.com/picture/253455822。

图7-5　复原的文物

资料来源：https：//www.sohu.com/picture/253455822。

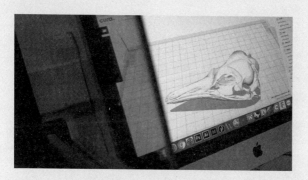

图7-6　复原文物的电脑界面

资料来源：https：//www.sohu.com/picture/253455822。

除了通过博古馆数字化来保存珍贵文物外，一些科研院所也开始采用 3D 打印技术进行文物复制，以此保留珍贵文物的历史原貌。例如，云冈石窟研究院联合浙江大学文化遗产研究院文物数字化团队，前后历时两年，实现了云冈石窟第三窟 1∶1 的还原。使用 3D 打印技术实施文物复制工程后，窟内气势宏大、雕刻精美的造像和完整的石窟形制都得以存留，石窟历经千年风化的痕迹也得以还原，虽然复原的文物、古建筑并不能完全替代被摧毁的文物和古建筑，但 3D 打印技术为考古探索、文物鉴赏等提供了重要的技术支撑。采用 3D 打印技术后，一些独一无二的珍贵文物得以重现，这为文化工作者探寻不同文明的渊源、了解不同文明的历史脉络提供了一种新的方式。今后，随着 3D 打印技术的不断发展成熟，我国的考古研究和文物保护工作将进入新的历史阶段，更多精妙绝伦的文物将展现在世人面前。同时，将 3D 打印技术与物联网等新一代信息技术相结合，加快建立文物及考古现场的数字模型，将促使整个文物修复事业取得丰硕的成果。

案例三　打印出新的围墙

2019 年，慕尼黑科技大学（TUM）和 David Wolferstetter Architektur（DWA）合作开发了德国慕尼黑德意志博物馆的 3D 打印外墙，每个 3D 打印的立面元素宽 60 厘米、高 1 米，集成了通风、隔热和遮阳等功能，透明印刷塑料元素看起来比层状混凝土斑点更光滑。通风、隔热和遮阳等功能由元件内部的电池提供电源，电池保证稳定性的同时产生用于绝缘的充气腔，阴影由材料中的波浪产生，以建筑师指定的方式漫射光，并且嵌入的管允许空气从 3D 打印元件的一侧循环到另一侧。立面元素采用 FDM 3D 打印和聚碳酸酯材料制成，甚至提供可调声学效果，3D 打印塑料的微结构表面允许声波以某种方式通过和反射。3D 打印外墙立面元素是使用瑞士 3D 打印机公司 Delta Tower 的 3D 打印机制作的，具有防风雨功能。该外墙将作为博物馆的新入口（见图 7-7）。

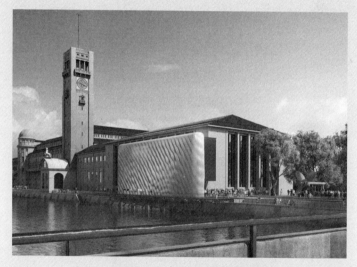

图7-7　3D打印的博物馆墙

资料来源：http：//zixun.huiyibim.com/kuaibao/509.html。

在慕尼黑的 TUM 主楼正在建造一个 1.6m×2.8m 的立面部分，传感器将收集相关数据，以帮助建筑师改进设计。长期目标是将这些 3D 可打印的外墙元素融入建筑物，如博物馆、图书馆、购物中心和会议室。研究人员正在计划将 3D 打印的外墙用作慕尼黑德意志博物馆的新入口。研究人员通过数字化（3D 打印）技术制造多功能外立面元素，将通过引入完全 3D 打印的外立面，进行大规模的翻新，以实现完全的设计自由并轻松实现创新概念。新立面以其半透明和流畅的表面纹理为特征，是 3D 打印机中首批功能集成的外立面元素之一，为室内提供通风、隔热和遮阳功能。被称为"流体形态学"的立面概念由慕尼黑科技大学 TUM 的设计师团队策划和设计，由 TF 工作室领导。完整的立面将逐渐生产并安装，计划到 2020 年完全包围德国博物馆。外立面由众多小块的 3D 打印面板组成，每个面板大约一平方米。3D 打印元素显示出巨大的潜力，如此有科技感的设计也吸引了很多游客慕名而来（见图 7-8 ）。

图7-8　3D打印博物馆墙的细节

资料来源：http：//zixun.huiyibim.com/kuaibao/509.html。

　　早在 2007 年，瑞士学者尼科拉·琼斯就认为博物馆利用
3D 打印技术，可复制出精美的化石模型。此外，2007 年康奈
尔大学传动机械博物馆采用 3D 打印技术复制出 300 多台 19 世
纪的机器，学生通过观摩这些复制品对历史的片段可以进行很
好的互动。2012 年，美国就尝试将科普场馆中的图书馆打造成
创客空间，在这里公众可以利用 3D 打印等最新技术去设计并
实现他们的奇思妙想。在发展中国家，例如巴西的国家博物馆
于 2013 年利用 3D 打印技术在树脂中打印出一个三维的复制品，
经鉴定发现这个动物是一个生活在 7500 万年前的新物种。2015
年 3 月，美国现代艺术博物馆 (Museum of Modern Art) 收购了
由著名设计师杰西卡采用 3D 打印设计出的华美服装。在 2015
年 3 月，阿拉伯联合酋长国宣布在迪拜建造一个全新的未来博
物馆。该博物馆的办馆理念是"预见未来，创造未来"，为了
能与它馆藏的未来科技和发明相媲美，将使用 3D 打印技术来
建造。

　　一些旅游景区为吸引游客也开始积极引进 3D 打印技术。
2015 年，崂山风景区利用 3D 打印技术直接打印出的景区模型
可直观、准确地展现景区山体地势、景点位置和游览线路等信
息，为景区森林火灾、旅游救援、突发事件等决策提供了有力的
技术支撑。2016 年，苏州市高新区大阳山植物园景区内，出现
了一个错落有致、极富设计感和现代感的建筑群。这是全球首
个应用 3D 打印技术的景区旅游 AAA 级最高标准厕所。厕所的
外墙呈浅灰色，与一般建筑物精心粉刷的外墙相比，这座厕所
别有一种质朴的感觉。墙体上有一道道平行的波纹，很像蛋糕

上的奶油装饰，摸上去虽然手感很粗糙，和毛坯房的水泥墙体感觉有些类似，但手上不会留下一点儿水泥粉渣，这就是 3D 打印施工留下的痕迹。在设计上，这座厕所分成三个独立的建筑物，设计富有童趣，如同散落在树林中的小盒子。3D 打印技术还实现了在厕所外部增加绿色、黄色的树叶状的时尚造型（见图 7-9）。

图7-9　3D打印公厕

资料来源：https：//www.sohu.com/a/115267612_162522。

在历史文物领域，使用 3D 打印技术可以复原珍贵文物，尤其是易碎文物等。3D 打印技术已在多家博物馆用于复制文物和公益活动。如国内三星堆博物馆借助该技术对文物进行保护性复制；河南博物院则将 3D 打印技术应用于教育活动，让孩子们能动地体会到制作模型的乐趣。同时，3D 打印带给博物馆的不仅仅是一台可以复制文物的设备，更宝贵的是随着 3D 打印机设备的有效利用，博物馆数字化能力得到提升，博物馆产业发生了结构性变化。早在 2009 年 9 月，中国科学技术馆（以下简称中科馆）率先在国内引进一台光固化成型 3D 打印机并建成"快速成型"展项。2001 年 12 月，上海科技馆推出了"三维头像制作站"展项。2013 年，宁夏科技馆、南京科技馆、浙江省科技馆、深圳市科学馆纷纷推出了 3D 打印展示项目。2013 年 9 月，中科馆还举办了为期一个月的"3D 打印未来"临时展览。2013 年 8 月，陕西历史博物馆通过 3D 打印技术对无法翻模或不适于翻模的文物进行复制，并对局部残缺文物进行修复。在此期间，游客可在开放的实验室中近距离了解 3D 打印技术是怎样对文物进行修复的。目前，全国已有很多科技馆有 3D 打印展项，如上海科技馆、南京科技馆、浙江科技馆等。

目前，博物馆文创产品制作也开始使用 3D 打印技术，如英国国家博物馆和 3D 公司合作，推出一项服务，消费者可以从博物馆网站中下载雕塑和艺术品的 3D 模型，使用 3D 打印机自行打印，可以打印自己喜欢的文物或者是平时不会展出的文物，留作收藏或者赠送亲友。3D 打印技术可以实现超高难度的设计外观形态产品，同时可以个性化、小批量生产，还具有不受地域、时间限制的特点。如果将此技术应用到博物馆产品设计中，将有利于提高博物馆文创产品设计水平和拓展博物馆的社会功能，为博物馆文化推广拓展指出新的方向。

第二节 文创产业把文物带出博物馆

20 世纪 80 年代，在"新博物馆学运动"兴起的大背景下，欧美博物馆开启了一场变革。博物馆不再只把文物当作中心，而是开始强调对人的关怀，注重参观者的感受。他们开始改进参观体验，增加人性化设施，比如巴黎卢浮宫开辟了地下商场，把博物馆打造成艺术和商业兼顾的公共空间。

近年来，各个文博单位推出了大量品类丰富的文创产品，掀起了一股猛烈的"文创热"。各大博物馆也纷纷加入上网潮，入驻电商平台，收获了众多年轻"粉丝"。步入新时代，我国博物馆文化创意产业获得了快速发展。文创产品为博物馆提供了优厚的附加价值，成为品牌价值的延伸。2013 年，中国台北故宫一款"朕知道了"纸胶带开始在社交网络上爆红。售价 200 新台币（约合人民币 40 元）的纸胶带很快就被抢购一空（见图 7-10）。"朕知道了"开始真正让北京故宫意识到文创产品有庞大市场。2013 年 8 月，北京故宫第一次面向公众征集文化产品创意，举办以"把故宫文化带回家"为主题的文创设计大赛。2013 年，北京故宫开始密集地推出一波文创产品，招揽了一批创意人员。大家熟悉的"故宫淘宝"微信公众号和微博，也以一种又萌又机智的方式走进大众视野，筹备了一年多，第一个应用《胤禛美人图》正式上线（见图 7-11）。

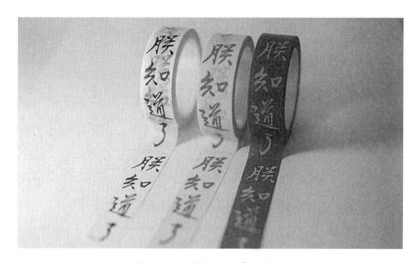

图7-10 "朕知道了"纸胶带

图7-11 《胤禛美人图》APP

契合年轻人的消费特点，国内博物馆开始了时尚与"卖萌"的旅程，朝珠耳机、"奉旨旅行"行李牌、"朕就是这样汉子"折扇走红；《每日故宫》《韩熙载夜宴图》《清代皇帝服饰》等一批精品 APP，把手机变成了和故宫文化全面连接的入口。故宫博物

129

院还开展跨界营销，例如与电影《新步步惊心》联手开发"戒急用忍"系列文化创意产品。和腾讯、阿里巴巴、凤凰卫视这样的大公司合作，逐渐成就了故宫"超级 IP"的呈现。转变自身定位，从市场角度出发，以改善观众体验为目标，把文创作为增加收入、提升博物馆品牌价值和文化传播的方式，国内越来越多的博物馆开始在文创上跃跃欲试了。

案例一　从古董到网红的进阶之路

　　3D 打印技术在文博文创领域首先是带来多元化的体验，基于我国经济的快速增长，人们对精神文化需求量很大，节假日组团去博物馆看展览已成为社会潮流，传统参观博物馆文物都是隔着玻璃看，因为博物馆文物都很珍贵，文物一般都是在特定的玻璃罩里面供参观者观看。看完展览很多参观者都有想把藏品带回家的冲动。假如博物馆或者参观者使用 3D 打印技术将这些文物复制出一个三维立体模型，立体文物模型这项服务将会带给参观者全新的观展体验，3D 打印产品让消费者可以近距离走进、观察文物，把打印出来的文物模型拿在手中观看抚摸，延伸了对文物的更多体验，从而将博物馆的社会功能发挥到最大值。地域方面，传统的生产方式是开模生产，需要有大型生产线做支撑，我国东部明显比西部基础条件要好，同时开模工艺制作难度大，需要成本较高。3D 打印产品不受时间和地点的限制，各地区适应性强、灵活性高，只需要有一台电脑和一台 3D 打印机就可以满足生产需要。3D 打印产品即增材制造方式，可以先制作出小批量样品供消费者挑选，使用原材料少，降低了能耗，节约了人力、物力和生产成本（见图7-12）。

图7-12 3D展示动画在iPad上播放效果

资料来源：中国科学网，http://www.sciencenet.cn/。

博物馆文创产品的材质选择是设计过程中的一个重要环节，不同的材质选择表达出不一样的设计效果，同时不同的材质选择会给消费者不一样的触觉体验。博物馆文物都是历史上流传下来的精品，制作工艺难度大且复杂，采用传统的制作工艺可能实现不了完美的复制，而且材料的选用单一。3D打印技术可以选用多种原材料制作，不同文物可以选用不同的材料表达其内在精神气质。

另外，在教育体验活动中，3D打印技术可以制作出一些拼装的文物模型，家长和孩子一起拼装完成，在这个过程之中，增进了家长和孩子之间的感情。当然，博物馆文物模型需要设计师采用一些创新方法进行设计，比如文物差异化设计、体验型设计等，让消费者体验到文化存在感和普遍性，进而产生情感共鸣，增强民族自豪感。

三维扫描和 3D 打印技术的应用与传统的文物修复和复制工艺的结合，为我们的文物保护修复和陈列展示工作提供了更多的便利性和选择性。三维扫描和 3D 打印能提高我们在文物修复和复制过程中对器物精度的要求，使修复文物和复制品更加忠于器物原型。利用 3D 扫描和打印技术，可以避免直接在修复和复制的文物上进行开模和塑形，对文物造成不必要的人为伤害。在展厅陈列手段上，可以将原残缺的展品和通过三维技术复原的展品模型同时在展厅陈列，让游客对残缺部分的修复有自我的想象和意见，展示馆藏品的互动性。与传统文物复制和仿制相比，从三维扫描到 3D 打印，缩短了树脂模具的制作过程，提高了模具制作的工作效率。

博物馆在发展中对文化的保护不仅限于对文化实体的保护，还在于能够建立文物的数据档案，在文物防盗、修复中 3D 打印技术都能够很好地成为博物馆中的利器。当前博物馆利用 3D 打印技术在 20 分钟内就可以打造兵马俑的三维模型，利用兵马俑的三维模型代替实物不仅可以让参观者实际接触，也能够更好保护博物馆文化数据，促进博物馆的发展。

一些文物收藏的发烧友在参观博物馆的过程中都会到商店转一转，希望能够带些纪念品回家，3D 技术的应用无疑是对这些群体的福利，通过 3D 打印技术创设的逼真文物能够达到以假乱真的程度，收藏爱好者也乐于将这些产品买回去，商家通过售卖这些产品，也能够取得一定的经济利益（见图 7-13）。

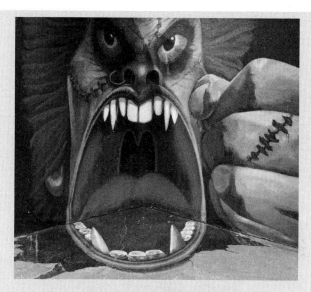

图7-13 北京3D博物馆拍照墙

案例二 一颗种子开启的文创时代

2013 年"文衡山先生手植藤种子"问世，这些随着当年"文徵明特展"一起设计出来的产品，从真正意义上开启了苏州博物馆的文创时代。这款有特殊价值的文创产品，它的来源相当特别——是苏州博物馆老馆一棵由文徵明亲自栽种、已经有 500 年历史的紫藤树。为了让产品有更完美的呈现，种子的包装也是经过特别设计的：要体现出江南文人的"文气"，外包装用了日本进口的仿宣纸洒金材料，再用印着文徵明衡山印的朱红色的封条把它封起来。最终，这个每季只推出 1000 盒、售价 24 元的产品，每次上架都会在 2 个月内销售一空（见图 7-14）。

图7-14　文衡山先生手植藤种子

　　2014年5月，苏州博物馆诞生了一件爆款文创产品——秘色莲花曲奇饼干，它是根据苏州博物馆的镇馆之宝——五代的秘色莲花瓷衍生而来，产品 Q 萌有趣、惹人怜爱，一经推出就收获无数好评，数次在博物馆内卖断货，一时间国内其他博物馆纷纷效仿，开启了"舌尖上的国宝"的创新大门（见图 7-15 ）。

图7-15　秘色莲花瓷曲奇饼干

在苏州博物馆旗舰店中当月销量最高的产品中价格普遍都不是很高，以文具用品为主。而且这些产品不是传统意义上的纪念品，都是具有实际用途的产品，可以融入消费者的日常生活中。除此之外，每款产品都极具文化特色，大多数创意就来自苏州博物馆自身的优美景色，苏州博物馆的文创团队以其为背景，把自身的建筑形象、藏品特色巧妙地融入产品中。产品外观漂亮，也容易引起他人关注以至让未去过苏州博物馆的人群也能欣赏到其景色，因此受到广泛关注。目前，苏州博物馆天猫旗舰店用户的评论也主要集中在外观、质地和用途这三个方面，如漂亮、好看、精致、质量好、做工不错、朋友喜欢、适合送人等（见图7-16）。

图7-16　木制冰箱贴

案例三　文创把艺术带进生活

2019年11月1日，小米有品推出了《上新了·故宫》专区，目前在众筹的商品均为第一季中出现的商品，此次做了升级迭代，产品包括智能蒸汽眼罩、陀飞轮机械表、香薰机、证件包。蒸汽眼罩采用独特的微米雾化蒸汽技术，恒温热敷，缓解眼干、视疲劳。其设计灵感来源于紫禁城东北角的畅音阁，取仙鹤衔桃与蝙蝠纹样，有吉祥长寿、福气绵延的美好寓意，有绮罗粉黛、烟云浅墨、乌金典藏三色可选，亲民价格也让文创更接地气（见图7-17）。

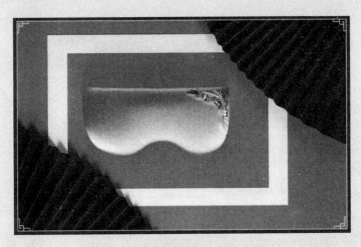

图7-17　Hi+畅音鹤蝠智能蒸汽眼罩

小米有品与"上新了·故宫"联手打造"日出而作系列-陀飞轮机械表"，在手表左侧加入十二时辰表盘，灵感源于中国古代计时工具日晷；右侧月相表盘取自月相规律变化，寓意日月同辉。《紫禁·熏》香薰机、山海文渊系列多功能旅行收纳护照证件包等创意层出不穷（见图7-18）。

2014～2019年短短五年的时间里，国家文物局等相关单位相继出台了数十个有关支持博物馆文创发展的政策文件，在国家的政策大力支持下，博物馆文创产业得以迅速发展。伴随着"互联网＋文化产业"新格局的繁荣局面，文化创意衍生品

图7-18 《紫禁·薰》香薰机

也渐渐成为文化产业发展中不可或缺的一部分，目前国内越来越多的博物馆已经意识到了文创衍生品对博物馆文化价值传播的影响力。随着创意设计水平的提升以及古老传统文化的沉淀，博物馆文创衍生品成为传统文化创意设计的结晶，极大地提高了博物馆文化的延展性。博物馆作为公益类文物保护单位，是中华民族优秀传统文化资源的集聚地，这样的创意产品开发，将一个时代的特征用一种新的方式表现出来，弘扬中华传统文化，既能继承传统，又具有当代特征，增加了博物馆文创产品的附加价值，未来发展前景一片光明（见图7-19）。

大英博物馆通过授权的方式和许多制造商合作，从设计、制造到营销，形成了一套完整、成熟的产业。它会选取明星藏品进行"一条龙"式的开发，提供不同种类的产品吸引你掏钱包。例如，当你在官网上搜索"Rosetta Stone"（罗塞塔石碑），会出现60多种衍生品，覆盖各种价位，包括书籍、复制品摆

图7-19 文创伞

件，还有饰品、服装、文具、杯子、巧克力、U盘等。艺术衍生品年营收高达两亿美元（见图7-20）。把静态的文物变成潮流的设计，把文创开发变成一桩不错的生意，国内越来越多的博物馆开始了尝试。在北京故宫一年10亿元文创收入的激励下，许多人相信，博物馆文创的好时光才刚刚开始。

图7-20 大英博物馆衍生品商店

大洋彼岸的纽约现代艺术博物馆（MoMA）则把纪念品商店打造成一个兼具设计和艺术的品牌。虽然它也会把馆藏珍宝、梵高名作《星空》印在雨伞和马克杯上，但 MoMA 纪念品商店看上去更像是一家时尚买手店——许多大咖设计师的跨界产品都可以在这里买到，比如香奈儿设计师卡尔·拉格斐（Karl Lagerfeld）设计的文具、日本瓷器名家小松诚的花瓶。

作为全球最成功的博物馆商店之一，纽约现代艺术博物馆每年都会吸引 250 万人光顾，来自商店的零售收入占据总收入的 1/3（见图 7-21）。而美国大都会博物馆、史密森尼博物馆群近年文化产品年均销售收入也都超过了 1 亿美元。

图7-21　纽约现代艺术博物馆艺术品商店

在国外，博物馆文创已经进入了成熟阶段，博物馆更重视顾客体验，通过提供优质的产品和服务来提升自己的形象。美国国家美术馆纪念品店特意设置了一台油画复制品自助订购机。顾客可以通过机器显示屏浏览近 200 幅美术馆馆藏精品画作，根据自己的喜好选定油画复制品的尺寸、材质、画框样式和价位，点击购买。下单后 10 日内，这件亲自选定的艺术品便会送到顾客的家门口。该自助销售平台不仅给顾客带来新的购物体验，也通过商品"零库存"降低了纪念品店的经营成本。

"互联网＋文化产业"融合的新格局，更是为文创衍生品提供了巨大的经济盈利能力。清华大学文化经济研究院和天猫网络销售平台在 2019 年 8 月 15 日联合发布的《新文创消费趋势报告》中显示，国内吸金能力居首的历史人物是乾隆皇帝，国际吸金能力居首的历史人物是梵高。相关数据显示，在

2015 年，大英博物馆在文创衍生品市场上的收入额已达到年均 2 亿美元（见图 7-22）。

图7-22　大英博物馆旗舰店文创产品

顺应互联网时代的发展，努力与互联网相契合，以"互联网+"的思维进行市场对接。和阿里巴巴等互联网集团进行合作，利用线上的销售体系先打开市场，专业的集团化合作增进博物馆与文创衍生品之间的协调，形成产业链。深入与互联网进行融合，可以利用互联网进行跨界联合营销设计等，开发网络 IP 资源。将已经固化的传统产品运营模式与网络 IP 交相融合，从而为略显陈旧的博物馆运营模式引入新的发展理念，以此迎合时代审美。在博物馆文创产品的发展与互联网的联系密不可分时，将文创衍生品投放在网络平台进行销售，能迅速激发博物馆的经济盈利能力。但同时需要注意的是，人们会在网上对博物馆留下深刻的印象，这既是机遇又是挑战。

第八章

博物馆的智慧发展之路

Everything is backwards now. Like out there is the true world, and in here is the dream.

一切都被颠倒了，仿佛那里才是真实的世界，这里才是梦。

——电影《阿凡达》

第一节　带大众进入"触摸时代"

　　近年来，博物馆成为了热门的旅游目的地，这代表着整个社会对文化遗产需求的增加。穿过博物馆的长廊，仿佛穿越了一片片时光凝成的流金岁月。人们身处其中时若能亲手触摸那段时光，感受它的魅力将是一段多么神奇的体验。在体感交互发展迅猛的当下，博物馆传播推广突破了时空限制，博物馆文化内容也更为丰富。博物馆的可逛性、展品的可读性增加了公众对历史文化的兴趣，也成为城市文化的重要传输方式与渠道。

　　博物馆展览中的互动项目，指的是一种体验式展示手段，须通过观众的参与一起完成展览项目。展览设计人员和观众通过展览装置发生互动，展览设计人员将展览意图蕴含在装置中，观众通过触摸、操作、角色扮演等方式参与完成展览项目，以其亲身体验得出结论，结论可以是多元的，也可以是展览设计人员蕴含的明确主题。19 世纪中叶，最早的互动体验出现于英国伦敦科学博物馆，在这个博物馆中陈列的科学仪器和工业设备，有许多都可以进行动态的演示，因此受到观众的极大欢迎，大大增强了博物馆对公众的吸引力。1984 年，设计师比尔·莫格里奇（Bill Moggridge）首次提出"交互设计"的概念。交互体验以用户为中心，考虑人与导视系统的交互方式，利用人机交互体验，结合先进终端技术从视觉、听觉、触觉等方面增强导视系统的功能性，简化操作的复杂性，增加导视系统的信息储存量，丰富导视系统的交互方式，以此帮助游客通过导视系统完成自己的导识和导向目的。加入了交互体验的博物馆能够降低参观者的陌生感，节省了时间，增强了互动性，改善了人与博物馆的交互体验，让大众体验到了不一样的博物馆文化。良好的体验来自于博物馆对参观者物质需求和精神需求的双重关照，特别是在消费时代，一家拥有高品质环境和完善配套服务的博物馆显然要比一家仅仅拥有专业展品的博物馆更容易获取公众的青睐和欢心。随着这一技术的发展，新时代的博物馆将从"可看"变成"可感""可触碰"，文物和历史不再是锁在恒温柜中的冰冷物体，沾染了"人"的温度的博物馆将会走近更多人的生活。根据不同内容及观众的不同需要，在陈列中设置合适的互动环节，能更好地发挥博物馆陈列传播知识、宣传教育等功能，且与展览主题相得益彰。

信息时代，科技赋能，移动通信、大数据、云计算、人工智能、虚拟现实等新兴技术为博物馆行业带来变革。2015年，体感交互技术开始与虚拟现实、增强现实等技术相结合，应用于展示设计中，2017年及以后，人们逐渐开始探索其与其他设计方向新的结合点。新技术、新理念不断融入博物馆行业，带来从文物保护、藏品管理、资源共享，到博物馆展示、服务、传播等一系列深刻而持久的变化。目前，体感交互应用较为广泛，这一媒介的使用大大丰富了导视系统中的交互体验方式，国内个别旅游景区开始设置电子触摸屏、查询台及信息亭等。上海世博会景区内设置电子触摸屏的目的是让游客快速找到旅游最新资讯信息，让游程安排进入"触摸时代"并及时调整旅游计划。游客通过与网络实时互动，点击触摸屏找到相关信息这一使用过程，构成了一种人机交互体验。互联网、移动终端、新媒体等技术的不断创新和广泛使用，推动了景区导视系统中的交互体验方式多元化发展，博物馆将通过及时更迭传播手段，增强互联网多媒体的内容建设，积极引导舆论预期。智慧博物馆不仅是人类历史文明精粹的珍藏地，更将成为集社会教育意义与时尚、好玩儿一体的新型公共文化服务场所，那些古老的文物也将借助科技力量，真正"活"起来。博物馆必须懂得如何为人们提供丰富、生动、愉悦、充实的体验，才能更好地满足他们的参观心理和消费需求。在未来，博物馆将不只是传统的历史文物展示场所，借助信息技术的发展，博物馆的文物呈现将更为灵活、生动、多样化（见图 8-1）。

图8-1　南京博物院数字馆

第二节 让"阿凡达"体验推向更广

假设当你走进博物馆，面对的不是一个个冰冷的橱窗，而是通过数字化虚拟出来的古代世界，橱窗里的文物摆放在它千百年前所在的位置，甚至可以看到古人在你身边徜徉，你可以在这样的场景中拍照，从他们口中听到曾经发生的故事，这样强烈的心理体验会比单纯的文字、图纸更令人印象深刻。

为了让冷冰冰的文物"活"起来，众多博物馆开始引入 VR 技术，其目的是让人们能够身处一种虚拟空间环境之中，通过其中的交互操作对博物馆进行多角度、全方位的审视与体验，将展示信息以多感官、多层次、立体化的方式呈现给人们，使用户仿佛置身于虚拟博物馆场景中，感受身临其境的意境。用户通过 VR 设备不仅能 360 度观看文物，还能通过视频、图片等讲解内容，全方位感知历史文化。利用 VR 技术，还可以将实体博物馆数字化，让珍贵的书、画、瓷器、服饰、钟表等文化遗迹定格在永恒里；可以再现经典场景，甚至可以让你亲自见证历史发生的一刻。博物馆甚至还用 APP 和全景视频进行传播，让大家足不出户就可以游览世界各地的博物馆，观看博物馆中的艺术作品、历史文献和世界奇观。受到时间和空间的限制，很多人不能亲自去博物馆看自己感兴趣的文物，就算去了，文物也是被收藏在展柜中，与观众保持着"安全距离"。而 VR 技术真正做到了将异地的文物或者宫殿建筑搬到家中，让用户足不出户即可近距离观赏藏品。借助 3D 虚拟建模功能，将博物馆建筑及馆藏文物进行实景复制，制作虚拟博物馆。虚拟博物馆场景中的文物都为与实体博物馆中真实存在的文物 1∶1 还原制成。此虚拟博物馆可随时"搬"出去做展出，这也能最大限度地发挥博物馆的藏品传播作用，可以不受时间、地点限制进行展示，也不存在被毁坏、被偷窃的危险。

除了对博物馆的整体还原，VR 还能针对博物馆展品做延伸展示，还原该展品的制作年代，进入到特定的情境中去回顾这一段历史。不论是青铜器、瓷器还是书画，都可以在虚拟环境下近距离观看。只要戴上 VR 头盔，就可以"拿"起面前的物品，仔细观察和研究，不用担心损坏文物，即使上下左右、仔仔细细地来回"抚摸"。通过让静态的物品动起来，增强了用户的参与感，同时也激发了用户的好奇心与积极性，让原本对于孩童来说略显枯燥的博物馆变得生动起来。

AR 技术还可以让你将文物"带回家"近距离地观摩与研究。只需要用手机扫描相应的物品，就会在手机屏幕中显示文物模型以及声音、文字和特效等。虽然经过人工修复的文物或多或少会有脆化、脱色、剥落等现象，利用 AR 技术可以将文物进行还原，既能有效避免文物损坏，也满足了观众的欣赏需要，且不会加速文物损坏。而将 AR 和 VR 技术与文化遗产保护相结合，既不伤害文物，又能够为观众带来精度高、交互性强的文化遗产展示。

当前，德国研究人员正在开发一种全新的可移动交互系统，此系统能够通过视觉存储设备将视觉信号转换为命令，有望能全面代替键盘和显示器。这种设备是一个小型的、能够放在胸前的电脑，其摄像头能捕捉到手部运动，从而转换成对应的命令执行。例如，人们可以用手在空中划出各种图形，或选择空中不同的点来构型，此交互系统可以立即将这些手上动作转化成图形或操作命令，就像《钢铁侠2》里的托尼·斯达克在自己实验室里用手在空中挥动便能操作电脑一般。在不久的将来，你在空中画几个数字就能表示在拨打电话，或者在空中点几下就表示在打键盘。

多通道（Multi-Modal）的交互模式已被多个领域证明是提高人机交互效率和自然性最有效的途径之一。多通道交互允许用户借助自然的交互手段，如肢体动作、语音等与机器进行交互。这样的交互方式扩大了信息交互的带宽，也弥补了单通道交互给用户带来的负担。在智能手机中，需要处理和交换的信息由不同的媒体承载，系统需要多个通道来处理混合媒体环境中不同的信息。

多通道交互（Multi-Modal Interaction，MMI）、三维空间动态成像、虚拟现实技术、可穿戴计算机和移动手持设备的交互等为展示设计中的人机互动提供了有利条件，它们代表了未来人机互动的发展方向。MMI是指一种使用多种通道与计算机通信的人机交互方式。通道涵盖了用户表达意图、执行动作或感知反馈信息的各种通信方法，如言语、眼神、脸部表情、唇动、手动、手势、头动、肢体姿势、触觉、嗅觉或味觉等。三维空间动态成像技术是近年来在国际上兴起的一种新型展示技术，该技术可以使立体影像不借助任何屏幕或介质，而直接悬浮在设备外的自由空间，观众可以不佩戴任何辅助工具，直接用裸眼观看立体影像，还可以用手操作让它旋转，从任意角度观看（电影《阿凡达》里就有这样的展示）。虚拟现实的目标是用计算机技术生成一个虚拟的模拟真实世界的环境，使操作者产生身临其境的感觉。可穿戴计算机和移动手持设备的交互，使身着可穿戴计算机的用户身处复杂的展示空间时，可以找到展品、路径等相关信息。

电影《阿凡达》的交互体验将在博物馆中得到进一步的延伸，物联网、云计算、大数据、移动通信等新一代信息技术的运用，将努力推动博物馆更加智慧、更加智能。

第三节 把历史变成随时随地可看

智慧博物馆在数字博物馆的基础上发展起来。数字博物馆将实体的文物以数字化的形式展示给观众，借助多媒体、虚拟现实等方式在实体博物馆内搭建数字展厅，以实现传统展览不具备的展示功能；依托互联网，搭建网上虚拟博物馆，实现藏品在线展示。

智能博物馆并不是简单地把博物馆藏品放到网上展示，而是可关联、会思考、能学习，拥有互联网时代的思维方式——开放、共享、互动的博物馆依靠人工智能技术，借助知识图谱技术将文物本体、环境、历史文献、考古资料、研究成果等海量数据加以整合，试图打造一张文物相关知识的网络。这张"网"可以把所有文物纳入进来，相互关联起来，这样每件文物就不是孤立存在的，而是成为历史长河里的一个个节点。通过这些节点，人们就可以追溯所有想要了解的历史与文化。同时，通过这张"网"，机器人还可以顺其脉络自主学习，从而让博物馆变得聪明起来。

在展馆展呈载体中营造一个有效的空间环境，给出恰当的文化交流平台和信息语境，快速拉近展品与观众之间的距离，融入在这一浓郁交互信息氛围中的观众能够接受到更多的感染力和影响力，而展馆则借助多种交互展示形式能够更进一步地与观众结合、沟通，将文化传播的功能发挥至极致。空间的节奏变化与情景展示极为重要。空间节奏的变化有利于调动观众的情绪，而情景式展示有利于信息的解读。现代展呈载体设计的任务是在那些看似孤立的展品之间建立起一种有意义的语境联系，使观众不再是观看展品本身，更重要的是理解隐藏在展品背后的内涵。调查发现，观众在观展时不只是想欣赏展品的美妙，其实更多的是想探求展品背后所蕴藏的文化意义，甚至渴望将自己融入展示的剧情、参与到展览的布局之中，这就需要设计者帮助展品还原其原本就有的空间语境，而去营造时空的错觉，让观众在特定的环境中解读信息，寻找展品以外的文化品质。

现代交互设计应该是展呈载体与观众良好沟通与互动的最佳设置，设计师要从观众的视角出发，思其所想并体现在设计方案之中，其本质就是要在设计的过程中做到与观众时时刻刻紧密联系，这样，观众在观览的过程中既能获取信息，同时又能感受到极大的愉悦。在两者同时起作用的情况下，展呈主体与观众的交互意义也就达到了最佳。如果效果真能如此的话，新的展呈设计理念也就逐步从传统的空间展示设计转化成一种类似于新媒体信息提取与加工的交互式体感设计，博物馆展出的内容、信息不再直白地暴露在外，而是由参与的观众直接从自身的感官中全方位地予以体验，展览馆就完全成为一个越来越"真"的多感官交互模拟环境。现代展示空间的交互设计必须充分调动观众的参与意识，为展示设计提供新的思路和技术手段，深入浅出地传播知识和信息，使人机之间的交互变得更加流畅、自然，引导观众去观察和思考展馆所呈现的多种交互信息，使观众能在娱乐和探索之中加深对展览信息的理解和记忆，将寓教于乐的功能发挥至最大。

在智慧博物馆模式中，博物馆的管理、运营、服务等功能在信息驱动下，以博物馆核心系统为对象，使核心系统内部的相关物件之间、各核心系统之间发生有利于整体正向发展的推动力，而且这种推动力在发生作用时，是以已有有效行为规则为准则自主进行，尽量避免或减少人为随意性的判断或操作；同时，通过大量的信息汇聚、整合、分析，使管理者获知有可能的发展态势，并将这种判断通过实践检验证实后，形成系统新的行为规则。

作为文化中枢机构，博物馆正在得以改变，成为互动的、关注观众文化所需的文化中心。博物馆有义务不断寻觅新的方式展示其历史以及文化遗产，借以创造对后代具有新意义的传统。数字化是近年来博物馆发展的重要趋势，科技的发展影响着博物馆的发展与未来。利用人工智能技术来处理档案、管理展品、优化展览的形式；利用虚拟现实技术将博物馆真实、完整地存储到计算机网络，实现真三维数字存档，供保护、修复、复原和文化交流使用，令博物馆的收藏珍品突破原有技术条件和保存方式的限制进行传播，是博物馆发展的方向之一。从文化资源中探索、发掘、传播和传承中华文化，是博物馆行业的优势和职责所在。在坚持博物馆收藏、保护、传播、研究、陈列主要任务的前提下，博物馆应将实践转变到如何让大众可以从中获得对世界新的发现。借助科技手段展现文物蕴含的历史、艺术、科学价值和时代精神，以 VR、AR、大数据、互联网和人工智能为基础设施和创新要素的智慧博物馆新形态正在形成。

2021 年国际博物馆日主题为"博物馆的未来：恢复与重塑"，呼吁博物馆以创造性的思维去设想和分享博物馆创造价值的新方法、新的商业模型和新的解决方案，从而应对未来社会、经济和环境所带来的各种挑战。可以预见，未来的博物馆除了基本的展陈宣教功能以外，还将担负更多互动、社交、休闲、娱乐的功能，博物馆的未来，有无限可能，博物馆的体验，也将不断刷新。未来世界的博物馆，想必会更加有趣、更加精彩！

参考文献

［1］Bradshaw S., Bowyer A., Haufe P. The Intellectual Property Implications of Low-cost 3D Printing［J］. Scripted，2010（7）：5-31.

［2］Chua Geraldine. Dubai's New Museum of the Future by Architect Shaun Killa to Be Partly 3D Printed［J］. BPN, 2015（3）：1-3.

［3］Hooper Rowan. Printing out History［J］. New Scientist, 2013（217）：17.

［4］Nicola Jones. Three-Dimensional Printers are Opening up New Worlds to Research［J］. Nature，2012（487）：23.

［5］Perkins Meghan. The Kinematics Dress：A Flexible，3D Printed Garment［J］. Live Design（Online），2015（3）：1-3.

［6］W. Travis Thompson. Designing Together with the World Café：Inviting Community Idea for an Idea Zone in a Science Center［D］. United States：UMI Dissertations Publishing，2015.

［7］方芳. 人机交互技术在现代展示设计中的应用［J］. 设计艺术研究，2014，4(4)：53-57.

［8］黄鑫，李女仙.当代博物馆展示中的交互设计方式［J］.装饰，2011（4）：104-105.

［9］李姣.智慧博物馆与AI博物馆——人工智能时代博物馆发展新机遇［J］.博物院，2019（4）：67-74.

［10］李曼，刘文科.救治患病文物的医院文物保护实验室［J］.大众考古，2014（8）：61-63.

［11］林洁.博物馆里的个性定制——试论3D打印技术在博物馆文创产品中的应用［J］.中国博物馆文化产业研究，2015：347-351.

［12］石纯一.人工智能原理［M］.北京：北京理工大学出版社，1993：28.

［13］肖金材，吴梅梅.3D打印技术在博物馆文创产品设计中的应用［J］.戏剧之家，2019（3）：126-127.

［14］徐冰.3D打印何以再现千年文物？［N］.科技日报，2013-08-09（005）.

［15］于奇赫.浅议中国博物馆藏品的在线数据库建设［J］.博物馆研究，2017（1）：10-11.

［16］余健.3D技术在文物修复中的应用——以四川广汉三星堆博物馆三维扫描和3D打印为例［J］.科技经济导刊，2017（17）：39-40.

［17］张倩，冯冬磊.3D打印技术在国内科普场馆中的应用［J］.华东科技，2014（3）：57-58.

［18］张倩，冯冬磊.浅探国内科普场馆3D打印技术的展示现状及应用前景［J］.科技视界，2014（16）：68.

［19］张仕杰，巩淼森.体感交互在设计领域的应用研究综述

［J］. 大众文艺，2019（12）：92–93.

［20］周波，杨京玲. 人机交互技术在现代展示设计中的应用［J］. 包装工程，2011，32（20）：46–49.

［21］作者不详. 3D 打印的起源和发展［J］. 自然与科技，2014（3）：31.

［22］作者不详. 凭借 Dimension3D 打印机康奈尔大学重现历史片段［J］. CAD/CAM 与制造业信息化，2007（11）：85.

后　记

　　很早就有出版一本与人工智能和人机交互相关书籍的想法，但是一方面人工智能等相关技术发展迅速，另一方面其应用场景又没有超出一般的幻想，所以迟迟没有动笔。因为 2020 年新冠肺炎疫情的原因，很长一段时间赋闲在家，使我有机会对过去的想法进行梳理，最终形成本书，以博物馆这样一个平常但又重要的场景为切入点，介绍新技术的应用所带来的新颖的用户体验，以期望能够给读者带来一些不同的想法。

　　这本书汇集了当时我能够获得的国内外博物馆尽可能丰富的相关资料，并在此基础上进行整理和编辑。国内外优秀的博物馆众多，笔者只参观过其中很小的一部分。还有大量小而独特的场馆如沧海遗珠般未被大众所熟知，这些博物馆也进行了很多有趣味的技术应用，未能将这些内容进行介绍也是我的一大遗憾。希望在以后的岁月，能够有机会对本书内容进行进一步的丰富和更新。

　　本书的撰写得到我当时的研究生刘笑宇的帮助，在此对她表示感谢，祝她在工作中和生活中获得更多的收获！